뇌가 섹시해지는

탐정퀴즈

2단계

이번 사건의
범인은 바로 너!

팀 데도풀로스 지음 · 박미영 옮김

비전코리아

호기심은 우리 인간의 천성이다. 어쩌면 가장 큰 강점이라 할 수 있다. 이해하고자 하는 욕구는 현재의 우리를 만든 요소 중 하나다. 만약 우리 조상들이 '있는 그대로'에 만족했다면 과학의 발전도, 첨단기술도, 그리고 현대 사회에서 우리가 당연시하는 것들이 다 존재하지 않을 것이다. 궁금해하고, 상상하고, 시험하는 이러한 능력 덕분에 현재의 우리가 존재한다. 호기심 없는 인류는 상상하기조차 힘들다.

하지만 오늘날엔 대부분의 사람이 궁금해하는 질문에 대한 답은 인터넷 검색만으로도 금방 찾을 수 있다. 아니면 박사 학위 몇 개, 혹은 몇백만 달러의 실험실이 동원되어야 해결할 수 있을 만한 것들이다.

그래서 퀴즈가 필요하다. 재미로 퀴즈를 푸는 것은 인류 역사에서 흔한 오락거리였다. 고대 문명, 바빌로니아에서도 수수께끼를 찾아볼 수 있다. 현대와 과거를 막론하고 모든 사회에서 보인다.

퀴즈 풀이는 인간의 보편적인 욕구다. 지금의 우리를 만든 특성 중의 하나다. 다행히도, 퀴즈 풀이는 재미뿐만 아니라 두뇌계발에도 매우 도움이 된다. 이는 기억력을 유지시키고 추론 능력을 키워준다는 것이 과학적으로 입증되었다.

이 책에 실린 탐정 퀴즈가 여러분을 즐겁게 하고, 지적 훈련에 도움이 되길 바란다. 각 편마다 범죄가 벌어지는데, 여러분의 임무는 범인을 밝혀내는 것이다.

[레벨 1]에서는 범인을 밝혀내기 위한 논리상의 결함이 상당히 직설적이다. 전부 다 찾아내기가 쉽지는 않겠지만, 사건들이 비교적 복잡하지 않다. [레벨 2]에서는 사건이 조금 더 불명확하고, 증거가 딱 떨어지지 않는다. 필요하다면 힌트를 참고하자. 단 힌트에는 레드 헤링(red herring, 중요한 것에서 사람들의 주의를 다른 곳으로 돌리기 위한 것이나 혼란을 유도하기 위한 장치)도 들어 있음을 명심하자.

세 명의 예리한 탐정들이 여러분에게 사건을 소개하고 증거들을 늘어놓을 것이다. 파나키 경감은 언론에 '패딩턴'이란 별명으로 알려져 있는데 경찰 일을 시작한 초기에 영국 런던에서 유명한 사건들을 해결했기 때문이다. 그는 우리 도시의 자랑거리다. 깔끔한 차림새에 어울리는 매너를 갖춘 파나키 경감은 논리적일

뿐만 아니라 통찰력도 뛰어나다. 메리 밀러는 열성적인 조류 관찰자이며 사교계 인사이고, 홍차를 좋아한다. 그녀의 놀라운 관찰력은 나이가 들었지만 전혀 둔해지지 않았으며, 겉보기엔 친절하고 부드러워 보이지만 강철 덫처럼 예리한 지성의 소유자다. 일류 신문 〈센티널〉지의 야심 넘치는 젊은 기자 조시 콜은 완벽한 기억력의 소유자다. 그는 기삿거리를 얻어내기 위해 무엇이든 열심히 파고든다.

이 훌륭한 삼인조와 함께 사건으로 뛰어들어 탐정보다 먼저 '범인은 바로 너'라고 외쳐보자. 차례의 점수표에 점수를 적고 어느 탐정보다 얼마나 더 예리한 지성을 가졌는지 알아보라. 힌트를 보기 전에 사건의 진상을 파악했다면 2점, 힌트를 보고 맞혔으면 1점이다. 물론 아예 맞히지 못했다면 0점이다. 탐정의 점수는 당신과 반대다. 당신이 0점일 때 탐정은 2점, 1점일 때는 똑같이 1점씩, 2점일 때는 0점을 획득한다. 이제 시작해보자.

재미있는 두뇌 놀이가 되기를!

팀 데도풀로스

사건 해결률이 높아 큰 명성을 얻고 있는 현직 경감.
사람들의 거짓말을 간파해내 범인을 잡는다.

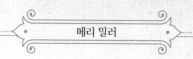

조류협회 회원, 홍차 애호가로 삼색 고양이 오브리를 키운다.
미스터리에 엄청난 열정을 보이는 추리광.

〈센티널〉지의 야심 넘치는 젊은 기자.
완벽한 기억력의 소유자로
기삿거리를 얻기 위해 무엇이든 열심히 파고든다.

- 이 책을 읽는 법 -

❶ 먼저 사건 이야기를 주의 깊게 읽는다.

❷ 특히 용의자들의 진술 중 상황에 맞지 않거나 사실이 아닌 것

   을 가려내기 위해 노력해야 한다.

❸ 다 읽었는데도 모르겠으면 힌트를 보고 다시 한 번 생각해본다.

❹ 사건 현장을 보여주는 그림이 도움이 될 수 있다.

❺ 점수표를 활용해 내 탐정 지수를 알아본다.

❻ 이 책에 나온 탐정이 범인인 경우는 없다.

중요한 것은 두뇌를 조금이라도 더 활용하는 것이다.
절대 해답을 먼저 읽어서는 안 된다.

CONTENTS

총점

	나		나		나

LEVEL

1

추리 고수들을 위한
탐정 퀴즈

Level 1은 중급 난이도의 탐정 퀴즈다.

탐정 지수를 높이고 싶다면

최대한 힌트를 보지 않고 범인을 맞혀보자. 🔍

1

사라진 박제
The Missing Specimen

매튜 애로우드는 화학과 생물학 둘 다 박사 학위를 갖고 있었다. 그는 메리 밀러의 옛 스승으로, 오래 전에 교직을 떠났다. 이후 아마추어 과학자로 활발히 활동했으며, 이따금 메리 밀러가 알쏭달쏭해하는 물질이나 잔해를 가져가면 분석을 도와주었다. 매튜 애로우드는 천성적으로 차분하고 학구적인 사람이라서 메리 밀러는 어느 화요일 아침, 안절부절못하는 모습으로 정원에 있는 그를 발견하고 좀 놀랐다.

멍한 표정을 짓고 있던 애로우드 박사는 메리 밀러가 다가오는 것을 보고 미소 지었다.

"안녕, 메리. 내가 오늘 좀 정신이 없더라도 이해해줘."

"무슨 일 있으세요?"

"꽤 중요한 사체를 어디에 잘못 놔둔 것 같아."

"네?"

애로우드 박사는 한숨을 내쉬며 말했다.

"휴, 정확히 말하자면 여행비둘기 박제야. 실력 있는 박제사가 보존 처리했고, 십오 년은 안 되었지."

"저는 여행비둘기 떼를 못 본 지도 이십 년이 넘었네요. 그거 상당히 귀한 거잖아요."

애로우드 박사는 고개를 끄덕였다.

"물론이지. 지난주에 조류 품종 블라인드 경매에서 상당한 가격에 구매했고, 어제 배달을 받았어. 열 시에 자러 들어가기 전까지 놔둔 자리에 있었지. 근데 몇 분 전에 보니, 그게 없어진 거야. 혹시 장난치느라 누가 여기에 버렸나 싶어서 정원을 살피던 참이었어."

"한밤에 침입해서 기껏 훔친 물건을 굳이 정원에 두고 갈 것 같진 않은데요."

"그래, 그럴 테지. 실제로 두고 가지도 않았고. 아주 덧없는 희망이었어. 경찰에 신고해야 할까 봐."

"혹시 그것 말고 없어진 건 없나요?"

"내가 보기엔 없어."

메리 밀러는 고개를 끄덕였다.

"비둘기 박제를 소장하고 계신 걸 알았던 사람이 있나요?"

애로우드 박사는 생각에 잠겼다.

"경매 회사. 하지만 내 집엔 더 쉽게 팔 수 있는 물건들이 여럿 있는데, 물건 가치를 한눈에 알아볼 경매 회사 직원이 굳이 새 박제만 훔쳐갈 것 같진 않아."

"무슨 말씀이신지 알겠어요. 하지만 그래도 혹시 모르니 경매 회사에 들러서 배달 직원과 이야기를 좀 해보는 게 좋겠어요. 뭐, 적어도 제가 도울 수 있는 방법이니까요."

"그거 참 고마운 일이군, 메리."

"뭘요. 그동안에 먼저 경찰에 도난 신고를 하세요."

"그래야지. 다시 말하지만 정말 고맙네."

한 시간 후, 메리 밀러는 에일리 경매 회사의 경영자 버트럼 에일리의 사무실에 앉아 있었다. 그는 오십 대의 남자로, 반백의 덥수룩한 머리카락에 얼굴에는 주름이 깊었다.

"만나주셔서 고맙습니다, 에일리 씨."

"뭘 도와드릴까요?"

"어제 애로우드 박사님 댁에 경매 물품을 보내셨죠. 혹시 누가 배달했는지 아시나요?"

"네, 조류 경매였죠. 누가 배달을 갔는지 찾아보죠. 잠시만 기다리세요."

버트럼 에일리는 말을 멈추고, 걱정스러운 얼굴로 물었다.

"실례지만 무슨 문제가 있었습니까? 상품에 이상이 있었나요?"

메리 밀러는 애써 미소 지었다.

"아, 아뇨. 걱정하실 일은 아니에요. 어차피 지나가는 길이었고, 애로우드 박사님이 배달 기사에게 들은 이야기를 확인해달라고 부탁하셔서요. 일 관계는 아니에요."

에일리가 걱정스러운 표정으로 장부를 뒤적이며 말했다.

"알겠습니다. 어, 그게 어제 로니가 배달한 곳이군요. 로니 그리피스. 점심시간이니 마당에 있을 겁니다. 금발 머리예요."

"고맙습니다. 큰 도움이 되었어요."

마당에는 젊은 남자 여러 명이 이야기를 나누고 있었다. 그중 한 명이 금발 머리였다. 메리 밀러는 그 사람에게 다가갔다.

"그리피스 씨, 안녕하세요? 제 이름은 메리 밀러예요. 배달 건에 대해 몇 가지 물어도 될까요?"

로니 그리피스는 메리 밀러를 의심스레 흘끗 보았다.

"그러시죠."

"어제 애로우드 박사님 댁에 배달했지요?"

"네. 그래서요?"

메리 밀러는 억지로 밝게 미소 지었다.

"혹시 배달 건에 뭔가 이상한 점이 있었나요?"

"아뇨. 노인 양반한테 물품을 배달했고, 서명을 받았어요. 그게 다죠."

"그럼 특이한 건 눈치를 채지 못했고요?"

그리피스는 그녀를 노려보았다.

"어조가 마음에 안 드네요."

그는 몸의 방향을 돌려 조금 전까지 함께 이야길 나누던 일행들에게로 향했다.

"멜! 내가 어젯밤에 뭘 했지?"

젊은 남자들 중의 한 명이 씩 웃으며 돌아섰다.

"주량으로 나를 이겨 먹으려다가 실패했지. 너무 취해서 내가 너를 하숙집 계단 위까지 끌고 가야 했고, 너희 하숙집 주인아줌마가 날 야단치셨지."

다른 남자 한 명이 웃음을 터트렸다.

"그래, 로니. 너 뱃사람처럼 술을 마시더라."

로니 그리피스가 메리 밀러를 쳐다보며 다그쳤다.

"보셨죠? 난 술에 떡이 되어 있었고 오늘 컨디션이 엉망이지만, 그건 내 문제지요. 당신이 무슨 의심을 하시는지 모르겠지만, 난 안 했어요."

"시간 빼앗아서 미안해요."

몇 분 후, 메리 밀러는 공중전화를 찾아 애로우드 박사에게 전화했다.

"경찰은 아직 안 왔나요? 음, 경찰이 오면 배달 직원을 주목하라고 말해주세요."

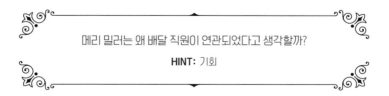

메리 밀러는 왜 배달 직원이 연관되었다고 생각할까?

HINT: 기회

　　전날 밤 매튜 애로우드 박사의 집에 침입 사건이 있었다는 걸 경매 회사가 아직 모르는 상황에서 그리피스는 아주 확실한 알리바이를 굳이 제시했다. 이미 그 사건을 알고 있지 않다면 그럴 이유가 있을까?

　　메리 밀러의 이야기를 전해 들은 경찰은 로니 그리피스를 신문했고, 결국 그는 여행비둘기의 구매자 주소와 이름을 경매에서 박제를 낙찰 받지 못한 다른 사람에게 돈을 받고 알려주었다고 자백했다. 박제의 구매자 정보를 돈을 주고 사 간 사람이 대놓고 그것을 훔치겠다 말한 것은 아니었지만, 그리피스는 그 가능성을 염려해서 알리바이를 만들기 위해 일부러 외출하여 고주망태로 취한 것이다.

　　로니 그리피스는 다행히 기소되지는 않았지만 해고당했고, 도둑은 체포되었다.

원안 극복 굴래나

2

인쇄업자의 아내 살인사건
The Printer's Wife

펄린 데일리는 어느 추운 금요일 저녁, 집 근처 작은 주택가 골목에서 시신으로 발견되었다. 살해 흉기인 사냥용 칼은 깨끗이 닦여 시신 옆에 놓여 있었다. 경찰은 시신 옆에 가방이 없어서 처음엔 강도 사건이라고 생각했으나, 조사하고 보니 그녀가 집을 나설 때 가방을 두고 나갔음이 밝혀졌다.

그러자 경찰은 별거 중인 펄린의 남편 램버트 데일리에게로 관심을 돌렸다. 토요일 점심, 파나키 경감은 그 남자를 찾아갔다.

램버트 데일리는 아내의 아파트에서 팔백 미터쯤 떨어진 부유한 동네에 살고 있었다. 그의 집은 지은 지 얼마 안 된 아담한 이층 저택으로, 작지만 깔끔한 앞마당이 딸려 있었다. 밤새 내린 서리가 아직 풀잎에 매달려 있었다.

경감은 녹색 페인트칠을 한 현관문을 노크했다. 집 저만치 안쪽에서 쿵쾅거리고 덜그덕거리는 소리가 나더니, 일이 분 후 약간 부스스한 모습의 삼십 대 후반 남자가 문을 열었다.

"데일리 씨?"

남자는 고개를 끄덕였다.

"네."

"파나키 경감이라고 합니다. 몇 가지 질문해도 될까요?"

램버트 데일리의 얼굴이 잠시 일그러졌지만 이내 표정을 바꾸며 말했다.

"물론이죠. 들어오시죠, 날도 추운데."

데일리는 따뜻한 거실로 경감을 안내했다.

"자, 뭘 도와드리면 될까요?"

"선생님과 부인 사이에 문제가 있었다고 들었습니다."

"뭐, 그렇게 말할 수도 있겠죠. 휴, 펄린은 여러 면에서 멋진 여자지만, 지난 몇 년 사이에 별다른 이유 없이 그냥 우리 사이가 벌어졌어요. 상대의 결점을 차분히 참아주기가 힘들어졌죠. 같이 있으면 둘 다 감정적으로 상처만 받는 게 분명해져서, 아내 혼자 지낼 수 있게 아파트를 임대했습니다. 처음에는 가끔 같이 외식이라도 하려고 노력했지만, 점점 그것조차 뒷전으로 밀려나더군요. 제가 워낙 일이 바쁘다 보니 스케줄 잡기가 힘듭니다."

"무슨 일을 하십니까, 데일리 씨?"

"인쇄업자입니다. 업무의 성격상 어떤 때는 한 주 내내 일 없이 조바심만 내고, 또 어떤 때는 한 달 내내 연달아 자정까지 일하죠. 이번 주에는 삼백 킬로미터 떨어진 곳의 박람회에 참석했었습니다. 직원이 내 호텔과 방 번호를 몰랐다면 아직도 거기에 있었겠지만, 아내 소식을 듣자마자 양해를 구하고 돌아왔죠. 사실, 경감님이 오시기 오 분 전쯤에야 도착했습니다. 지하실에서 난방 밸브를 트는데 노크 소리가 들리더라고요."

"박람회요?"

"네, 바튼에서 열린 도서전이죠. 출판사 일을 많이 맡아서 하기 때문에 그쪽에 얼굴과 이름을 알리느라 박람회는 전부 참석합니다. 인간관계를 잘 유지하는 게 아주 중요하죠. 그게 아내 펄린이 절대 이해하지 못하는 것 중의 하나였어요."

"그럼 어제는 사업상 모임이 여러 건 있었겠군요?"

램버트 데일리는 고개를 끄덕였다.

"물론입니다. 어제 오후엔 바튼에서 회사를 운영하는 테일러 프리와 마틴 휴스턴이랑 있었어요. 카탈로그에 관해 이야기를 좀 하다가, 같이 나가서 한잔했습니다. 좀 취하긴 했지만 즐거운 시간이었죠."

"알겠습니다. 부인을 해칠 만한 사람이 혹시 있을까요?"

"저도 같은 생각을 하던 참이었습니다. 이전에 제 밑에서 일하던 직원으로, 헤이든 킬리언이라고 있는데요. 사람이 좀 특이합니다. 비사교적이고 이상해요. 회사 행사에서 내 아내를 두어 번 만났는데, 푹 빠진 티가 확 났습니다. 다른 직원들을 불안하게 만드는 바람에 작년 초에 회사에서 내보냈지요. 그땐 무던하게 받아들이는 것 같았지만, 누가 알겠습니까?"

파나키 경감은 노트에 몇 가지를 메모했다.

"데일리 씨, 유감스럽지만 함께 경찰서로 가셔서 몇 가지 질문에 답해주셔야겠습니다."

파나키 경감은 왜 램버트 데일리를 의심할까?

HINT: 시간 간격

램버트 데일리의 진술에는 아귀가 맞지 않는 부분이 있다. 그는 파나키 경감이 방문했을 때 난방 밸브를 틀고 있었다고 말했다. 그러나 경감이 집에 들어섰을 때 밖에는 서리가 내릴 정도로 차가운 날씨였으나, 실내는 이미 따뜻했다. 집 안 온도가 그렇게 빨리 올라갈 리가 없다.

사실, 데일리는 아내를 살해했을 때 입었던 옷을 지하실에서 태우는 중이었다. 신문 끝에 데일리는 아내에게 줘야 하는 돈이 너무 아까워서 그냥 죽이기로 했다고 자백했다. 사업 모임에 대한 이야기는 모두 지어낸 것이었다.

3
계단에서의 죽음
Death on the Steps

조시 콜이 언론의 대대적인 주목을 받는 폭력 사건을 법정에서 취재하던 중, 갑자기 사람들의 수런거림이 커지더니 재판의 진행마저 방해했다. 이내 누군가가 건물 밖에서 총에 맞았다는 소문이 바로 퍼졌다. 그러자 조시는 취재하려던 폭력 사건을 뇌리에서 지우곤, 노트를 챙겨 새로운 사건을 조사하기 위해 사람들이 모여든 곳으로 달려나갔다.

무슨 일이 벌어졌는지 알아내기까지는 그리 오래 걸리지 않았다. 저명한 변호사인 클린턴 타워터는 그의 의뢰인 아트 마시넬로가 방금 받아낸 '무혐의' 판결에 대하여 법원 계단에서 성명을 발표하던 중이었다.

조시는 그 사건에 대해 알고는 있었지만, 별로 흥미를 느끼지 않았었다. 마시넬로는 갱 조직의 대부 베니 루카스의 부하였고, 명백히 유죄였지만, 유능한 변호사 덕분에 처벌을 면할 모양이었다. 범행을 입증할 만한 증거가 희박하고 마시넬로에게 살해당한 사람이 또 다른 조직의 일원이었기 때문에 아무도 이 사건에 크게 신경 쓰지 않았던 것이다.

하지만 저명한 변호사 클린턴 타워터가 죽은 채 계단에 쓰러져 있다는 것은 특종감이었다. 여러 사람이 주위에 모여 있었고, 조시는 기회를 틈타 그들이 누구인지 알아보기 시작했다.

케이트 스니드는 딱딱한 정장 차림의 매력적인 여성으로, 거기에 있는 그 누구보다 유난히 이 상황에 대해 힘들어하는 것처럼 보였다. 그녀는 슬프게 말했다.

"네, 아는 사이였어요. 몇 년 전에는…… 가까운 사이였죠. 그 이후로는 별로 못 봤어요. 전 다른 사건으로 법원에 가던 길이었는데, 여기서 그의 모습을 보고 잠깐 기다렸다가 클린턴이 발언을 끝내면 인사나 하고 가야겠다 싶었죠. 그런데 갑자기 몸을 꿈틀하더니 쓰러졌고, 피가…….."

케이트 스니드는 입을 다물었고, 얼굴 표정이 구겨졌다.

"이런 일을 당해 마땅한 사람이 아니에요. 재미있고 좋은 사람이었는데……."

시신 곁에서 서성이던 고급 정장을 입은 키가 큰 칼 메이시라는 남자는 클린턴 타워터의 밑에서 일하는 변호사였다.

"타워터 변호사가 마시넬로 씨의 결백이 분명하게 증명되었다고 간략하게 발표하는 중에, 신원 불명의 범인이 가슴을 쏘아 그 자리에서 즉사하였습니다. 지금으로선 드릴 수 있는 정보가 그게 전부입니다. 프록터, 타워터 앤드 앳킨스 사의 모두를 대표하여 이 무분별한 살인을 규탄하며, 타워터 변호사의 가족에게 진심으로 애도의 뜻을 표합니다."

맥스 스탠튼은 근처에 서 있었으며, 클린턴 타워터의 예전 의뢰인이었다고 자신을 소개했다.

"관심 갈 만한 건 아무것도 보지 못했는데요, 기자님. 성명 발표를 들으러 오는 중이었지만 좀 늦었어요. 여기에 막 도착하니 이미 대부분의 사람이 도망쳤고, 남아 있는 사람들은 다들 충격에 빠진 것 같더군요. 무슨 일이 있었는지는 보면 충분히 알 수 있었죠. 정말 유감스러운 일입니다. 타워터 씨는 괜찮은 사람이었거든요. 최선을 다해 내 일을 맡아줬고, 늘 내 문젯거리를 참을성 있게 들어줬어요. 법정에서는 무시무시하기도 했지만, 그 외엔 거의 화를 내는 법이 없었습니다. 그는 상당히 매력적이었어요. 법조계에 그의 빈자리가 크게 느껴지리라는 건 명백한 일이죠. 그가 총을 맞을 때 트럭이 요란한 소리를 내며 지나가서 유감입니다. 살인자는 사람들이 당황하는 사이에 도망쳤을 겁니다."

아트 마시넬로의 사건을 담당했던 마크 스콧 검사는 클린턴 타워터 변호사에게 아직 유감이 많은 게 분명했다.

"타워터는 폭력조직과 한통속이고, 피로 손을 더럽힌 사람입니다. 소란이 난 걸 듣고 나와 봤지요. 놀라진 않았습니다. 그가 변호한 의뢰인은 명목상으로만 사업체를 운영하는 경영자지 실상은 폭력조직원이었으니, 그렇게 살다 그렇게 가는 거죠. 물론 살인을 옹호하진 않습니다만, 이런 일이 벌어져야만 하는 운명이라면 다른 사람이 목표가 되는 것보단 낫겠죠. 그의 변호사 동료들이 이 허망한 죽음에서 교훈을 얻어 의뢰인을 받을 때 깊이 생각 좀 했으면 좋겠군요."

조시가 아이크 언더우드라는 다른 목격자의 이름을 겨우 받아 적고 다른 질문을 하려 했을 때, 경찰이 마침내 사건 현장을 봉쇄

하고 이후 증언을 위해 목격자들의 신원을 확인한 다음, 시체 근처에 남아 있는 사람들을 해산시켰다.

조시는 범인이 누구인지 알 것 같았기에 신경 쓰지 않았다. 그는 법원으로 돌아가, 공중전화를 찾아서 경찰서에 전화했다.

조시 콜이 의심하는 사람은 누구이며, 이유는 무엇인가?

HINT: 위치

맥스 스탠튼은 클린턴 타워터의 발표를 듣고 있던 사람들이 놀라 흩어진 후에 도착했다고 주장했으나, 또 총소리가 들리지 않은 이유는 트럭이 지나갔기 때문이라고 증언하였다. 말의 앞뒤가 맞지 않는다.

조시 콜의 조언에 따라 경찰은 맥스 스탠튼을 집중 신문했고, 결국 클린턴 타워터 살해에 쓰인 총이 그의 소유임을 밝혀냈다. 그리고 맥스 스탠튼이 갱 두목 베니 루카스의 라이벌과 연관 있음이 밝혀졌다. 조직의 중간 간부인 아트 마시넬로는 골치 아픈 목표물이지만, 변호사를 공격한다면 마시넬로가 저지른 살인에 대한 딱 맞는 보복이었던 것이다.

원안 극지 극제 180.

4

피콕 룸 도난 사고
The Peacock Room

메리 밀러는 파티에서 테레즈 프레셔를 소개받았고, 이따금 만나게 되었다. 그러나 테레즈 프레셔가 괜찮은 사람이라 생각했지만, 아직 친구라 부를 정도의 사이는 아니었다.

그래서 어느 날 오후 테레즈의 방문을 받고 메리 밀러는 약간 놀랐다. 메리 밀러는 테레즈를 응접실로 맞아들이고, 발치에 앉은 고양이 오브리를 쫓아낸 다음, 차를 내오라고 시켰다. 차와 비스킷이 나올 때까지 그들은 서로의 안부를 묻고, 조류 관찰과 원예의 유사점과 차이점을 논했다.

둘만 남게 되자, 메리 밀러는 손님을 바라보며 물었다.

"테레즈, 어쩐 일로 이렇게 반가운 걸음을 했나요?"

테레즈는 약간 불편한 기색이었다.

"솔직히 말해도 될까요, 메리?"

"네, 무엇이든지요."

"메리는 어떤 방면에서 유명하잖아요, 그쵸?"

메리 밀러는 한쪽 눈썹을 치켜들었다.

"네?"

"사람들에게 곤란한 문제를 이야기하면, 만병통치약처럼 언제나 메리의 이름이 나오거든요. '불의 눈' 루비 도난사건, 카일러 매팅리 사건 등, 모두들 당신이 매 같은 눈과 강철 덫 같은 추리력을 지녔다고 해요."

"사람들이 말을 너무 좋게 해줬네요."

테레즈는 가만히 손톱을 쳐다보다가, 엄지손가락으로 문질렀다. 그녀 또한 사람들의 말을 완전히 신뢰하지는 않는다는 표정으로 말했다.

"어쩌면요."

"그렇지만 당신에게도 곤란한 문제가 생겼고, 혹시 내가 도와줄 수 있을까 싶었군요."

"네, 맞아요."

메리 밀러는 미소 지었다.

"테레즈, 한번 들어볼게요. 남들의 칭찬을 전해 들으니 기분이 우쭐하네요. 내가 도움이 된다면 뭐라도 기꺼이 해볼게요."

테레즈는 한결 마음을 놓는 눈치였다.

"고마워요."

"무슨 일인지 천천히 들려주겠어요? 궁금한 게 있으면 생각나는 대로 물을게요."

"수요일이었어요. 나는 오후 거의 내내 달리아 꽃을 다듬고 있었죠. 다섯 시쯤 비가 오는 바람에 결국 안으로 들어갔고요. 잠깐 잡지를 읽으며 비가 그치기를 기다렸지만, 그 망할 비는 그날 여덟 시까지 내렸어요. 그래서 얼마 후, 그냥 포기하고 저녁 식사 전에 남편 호바트와 칵테일을 한잔했지요. 그이도 내가 잡지에 집중 못 하듯이 신문을 제대로 다 읽지 못했죠."

메리 밀러는 고개를 끄덕였다.

"일곱 시 반에 저녁을 먹고, 식사 후 나는 한 시간쯤 책을 읽었어요. 호바트는 서류 볼 게 있어서 어정어정 들어갔죠. 남편의 조

카, 시누이 아들인 일라이저가 몇 달 전부터 우리와 같이 지내고 있어요. 재스민이 아들을 당분간 나쁜 영향에서 멀어지게 하고 싶어 했거든요. 하지만 일라이저는 규칙 따위는 아랑곳하지 않아요. 여덟 시 반쯤 귀가해서는, 저녁은 됐다며 커다란 스카치 병을 끼고 앉아 식탁에서 혼자 카드놀이를 했지요. 나는 장식하던 퀼트 작업을 좀 하기로 마음먹었죠. 무거운 물건이라, 청소하던 하녀 제나를 불러 도와달라고 했어요. 그런 후에 아홉 시 반쯤 집사 그레고리가 와서는 유감스러워하며 가택 침입이 있었다고 하는 거예요."

"아!"

"삼 층에 있는 피콕 룸의 천장 창문을 깨뜨렸더군요. 우리가 아시아 관련 수집품을 두는 곳이었거든요. 남편과 나는 득달같이 달려갔죠. 카펫은 푹 젖었고, 유리 조각이 사방에 널려 있었어요. 하지만 장식장은 하나도 깨지지 않았고요. 지붕 위의 지주에다가 밧줄을 묶어 오르내리려 했던 것 같아요. 수집품 몇 점을 가져갔는데, 가장 중요한 당나라 도자기 상이 없어진 거예요. 삼촌이 주신 선물이고, 다시없는 귀중한 물건이거든요."

"그랬군요. 도둑이 언제 들었는지 혹시 짐작이 되나요?"

"음, 여덟 시 오십 분에서 아홉 시 반 사이로 좁힐 수 있을 것 같아요. 하녀 제나가 저녁 식사 후 삼 층 먼지를 털었을 때는 다 멀쩡했고, 그게 여덟 시 오십 분이에요. 집사 그레고리가 아홉 시 반 직전에 부엌을 나설 때 차가운 외풍을 느껴서 열려 있는 창문을 찾아 나섰었죠. 그러니 그사이일 거예요. 제나는 저와 있었고, 그레고리는 부엌에서 요리사 에드워즈 부인과 같이 있었죠. 조카 일라이저는 카드놀이를 했고, 남편은 일하고 있었어요. 그만한 크기의 창문이 깨지는 줄을 아무도 몰랐다니, 그게 불가능하게 보이겠지만 실제로 그랬어요. 경찰은 도무지 감을 못 잡고 있고, 나도 마찬가지예요. 혹시 우리가 빠뜨린 게 있을까요?"

메리 밀러가 말했다.

"네, 있어요. 범인이 누군지 꽤 확실히 짐작이 가요."

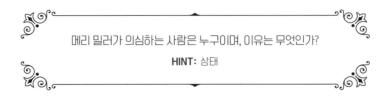

메리 밀러가 의심하는 사람은 누구이며, 이유는 무엇인가?

HINT: 상태

피콕 룸의 카펫이 푹 젖어 있었으니 창문이 깨져 있을 때 비가 온 게 틀림없고, 비는 여덟 시 정도에 그쳤다. 그러니 아홉 시 직전에 방이 멀쩡했다는 하녀 제나의 증언은 거짓말이 틀림없다.

오류를 지적당하자, 제나는 경찰에 자백했다. 가족들이 식사하는 사이에 제나는 피콕 룸으로 올라가 빗자루로 천장 창문을 깬 다음, 물건들을 훔쳐 빈 방에 있는 안 쓰는 옷장 속에 숨겨놓았다.

원안 극자 글파나 .081.

5

블랙웰스 보일러 회사
Blackwell's Boiler Company

신망 있는 보일러 제조업자인 조셉 키스는 살인 희생자가 될 만한 사람이 아니었다. 하지만 그는 직장에서 팔백 미터쯤 떨어진 작은 공원에서 한낮에 칼이 옆구리에 꽂힌 시체로 발견되었다. 주머니엔 타자기로 친 작은 쪽지가 들어 있었고, 거기엔 만날 장소와 열한 시 삼십 분이라는 시간이 적혀 있었다.

파나키 경감은 시체에서 그 외 도움이 될 만한 증거를 전혀 찾지 못했기에, 파이프 담배를 챙겨서 죽은 사람의 명함에 적힌 사무실 주소로 향했다. 문제의 사무실은 놀랄 만큼 작았는데, 소규모 사업체들이 자리 잡은 건물 이 층의 사무실 두 개를 썼다. 문에 블랙웰스 보일러 회사라고 적혀 있었기에, 경감은 안으로 들어갔다.

안내 데스크에 있던 인상 좋은 젊은 여자가 한 시 십오 분 전을 가리키는 시계를 흘끗 보고, 그를 향해 미소 지었다.

"캘더런 씨인가요?"

"아뇨, 저는 파나키 경감입니다. 유감스럽지만 오늘 벌어진 조셉 키스 씨 살인사건으로 찾아왔습니다."

그러자 여자의 얼굴에서 핏기가 싹 가셨고, 알아들을 수 없는 말을 울부짖었다. 잠시 후에 문이 열리더니 사십 대 남자가 나타났다. 경감은 찾아온 용건을 설명했다. 그러자 재커리 해리스라는 조셉 키스의 동업자가 경감을 자기 사무실로 안내했다.

그는 잠시 후, 충격에서 좀 벗어나자 경감에게 말했다.

"이런 일이 생길까 봐 걱정했습니다. 동업자 조셉은 오늘 여기서 토지개발업자들과 중요한 점심 식사 약속을 잡았죠. 캘더런하고 저스터스라는 두 남자지요. 그들이 몇 달 전에 이 동네에 느닷없이 나타나서 돈을 뿌려대며 부동산을 사들였습니다. 저희에게도 찾아왔었는데, 저는 정말 마음에 들지 않더라고요. 영, 느낌이 좋지 않았습니다. 하지만 그쪽에서 정말 우리 창고를 사고 싶어 하며, 기존 시세의 세 배를 제시하고 새로 이사 갈 장소까지 물색해주었습니다. 새로 갈 곳은 좀 불편하긴 해도, 돈을 많이 준다니까 그러기로 했지요. 전 더 자세한 건 알고 싶지 않았지만, 조셉은 우리가 그 사람들의 말을 들어보고 상황을 파악해야 한다고, 어쩌면 가격을 더 올려줄지도 모른다고 우기더라고요. 조셉은 오늘 아침에 약속이 있다며 나갔지만, 내용은 전혀 이야기해주지 않았습니다. 어쩌면 밖에 있는 비서 밀리센트는 알고 있을지도 모르겠군요. 우리의 일정을 관리해주거든요. 아주 유능합니다. 조셉은 원래 한 시간 전에 돌아올 계획이었는데 아직 안 왔습니다. 예정대로라면 점심 약속이 오 분쯤 후에 시작이라, 안 그래도 그에게 연락이 없어서 안달이 나 있던 참입니다. 캘더런과 저스터스는 정말로 바람맞혀도 괜찮은 상대가 아니거든요. 사실, 밀리센트에게 혹시 조셉이 아직 안 돌아왔는데 그사이 손님들이 오면, 나는 자리에 없는 척해달라고 말해놓았죠. 근데 갑자기 조셉이 죽었다는 거네요. 왜 죽였을까요? 조셉은 기꺼이 팔려고 했는데, 이건 정말 미친 짓입니다."

경감은 재커리 해리스에게 고맙다고 인사하고, 비서 밀리센트 르웰링과 대화하기 위해 방에서 나갔다.

"경감님, 아까는 죄송했어요. 정말 끔찍한 일이라 충격을 받았거든요. 조셉 키스 씨는 좋은 분이셨어요. 오늘 아침에 어딜 가셨는지는 전혀 몰라요. 오늘 한 시에 예정된 중요한 점심 약속 전까지는 제가 아는 일정이 없어요. 저는 아까까지 여기에 있지 않았어요. 점심 준비를 하러 나갔었죠. 근사한 샌드위치랑 다양한 음료, 케이크, 회의실에 놓을 꽃장식을 다 사느라고요."

그녀는 책상 옆의 상자 여러 개를 가리켰다.

"키스 씨는 정말로 그 손님들에게 좋은 인상을 주고 싶어 하셨어요. 그래서 저도 분주히 돌아다녔죠. 한 시간 전쯤 돌아왔는데 키스 씨가 자리에 안 계시더라고요. 뭔가 어젯밤에 미처 생각 못한 거라도 떠올라 나가신 줄 알았죠."

잠시 후에 사무실의 문이 열리더니 고급 정장 차림의 두 남자가 들어왔다. 키가 크고 근육질 몸매인 두 사람은 안내 데스크 옆에 서 있는 파나키 경감을 보고 얼어붙었다.

경감은 남자들에게 인사했다.

"캘더런 씨와 저스터스 씨인가요? 파나키 경감입니다. 저와 잠깐 이야기 좀 하실까요?"

남자들은 마지못해 경감을 따라 회의실로 들어가 빈 테이블에 마주 앉았다.

파나키 경감이 남자들에게 말했다.

"유감스럽지만, 오늘 오전에 조셉 키스 씨가 살해되었습니다."

두 남자는 충격을 받은 듯, 서로 눈길을 주고받았다. 여러 감정이 그들의 얼굴을 스쳤다. 놀라움, 계산, 의심, 두려움. 그리고 다시 무덤덤한 가면이 얼굴에 자리 잡았다. 약간 작은 남자가 같이 온 일행에게 고개를 끄덕였고, 둘은 자리에서 일어났다. 약간 큰 남자가 말했다.

"저스터스 씨와 저는 온종일 회의에 참석했고 그 사실이 기록으로 남아 있습니다, 경감님."

"저희는 여기서 더 이상 일할 게 없을 것 같군요. 그럼 안녕히 계십시오."

두 남자는 그 말을 마지막으로 회의실을 나섰고, 잠시 후에 사무실 문이 쾅 하고 그들의 등 뒤로 닫혔다.

파나키 경감은 그들이 가게 내버려두었다. 살인자의 정체가 이미 머릿속에 확실해졌기 때문이다.

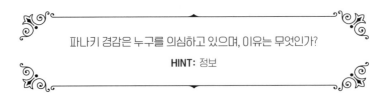

파나키 경감은 누구를 의심하고 있으며, 이유는 무엇인가?
HINT: 정보

동업자 재커리 해리스의 말에 따르면 비서 밀리센트 르웰링이 아주 유능하다고 했다. 그녀는 오전 내내 분주히 돌아다니며 조셉 키스의 중요한 약속을 위해 다양한 물품들을 사들였다. 그렇다면 왜 회의 시작 오 분 전인 그 시각에, 그녀는 손님이 올 줄 뻔히 알면서도 사 온 물품들을 회의실에 차리지 않고 책상 옆 상자에 그냥 두었을까?

그녀는 회의가 취소되리라는 것을 알고 있었으며, 그건 바로 본인이 조셉 키스를 죽였기 때문이다. 그 명백한 사실을 지적하자, 그녀는 순순히 자백했다.

키스는 최근 그녀의 행동을 의심하기 시작했으며, 얼마간의 시간이 더 있었다면 그녀가 여러 달 동안 회사 자금을 꾸준히 횡령해왔다는 증거를 잡았을 것이다. 키스가 캘더런과 저스터스와 약속을 잡자, 그녀는 상사를 제거하고 폭력조직 탓으로 돌릴 기회를 포착한 것이다. 그래서 키스에게 쪽지로 만날 약속을 전달했고, 공원에서 그를 만나 칼로 찌르고 도망쳤다.

6

조이너스 언덕 교통사고
Joiner's Hill

시내에서 가장 가파른 길인 조이너스 언덕에는 사고가 잦았다. 하지만 그날 아침의 사고는 누가 봐도 엄청났다. 언덕 꼭대기 근처에서 철제 부품을 잔뜩 실은 짐차의 고정 장치가 풀리면서, 그대로 비탈을 미끄러져 내려와 도로를 지나 제분공장 옆면으로 곧장 돌진한 것이다.

짐차에 타고 있던 배달원 둘 다 사고 순간에 밖으로 튕겨 나왔지만 한 명은 다리 한쪽만 부러지고 말았던 반면, 다른 한 명은 날카로운 철제 장식에 몸이 꿰뚫려 사망했다. 조시 콜은 사건 정보를 얻자마자 곧바로 사진기자 아담 매튜스를 데리고 출동했다.

조시가 조이너스 언덕 아래에 도착했을 무렵엔, 이미 근방 교통은 완전히 마비 상태였다. 배달원들은 병원으로 실려 가고 없었지만 사고 잔해는 아직 손대지 않은 듯 그대로였다. 현장을 지키는 경찰은 조시와 안면이 있어서 철제 부품들이 박힌 벽, 산산조각이 난 짐차, 그리고 피투성이가 된 좌석을 아담이 촬영하게 허락했다. 사고 차량의 반대편에는 피로 물든 바닥에 금속 기둥이 놓여 있었다. 아담이 사진을 찍는 사이, 조시는 현장 담당 경관에게서 그것이 배달원을 죽인 금속 부품이 맞다는 답변을 얻어냈다.

다음으로 방문해야 할 곳은 배달원들이 다니던 회사, 파운드리였다. 현장에서 멀지 않은 곳이라 조시는 아담을 데리고 조이너스 언덕을 넘었다. 도착해 보니 경찰이 이미 회사에 사고 소식을 통보한 다음이었다. 침울한 얼굴을 한 직원이 조시와 아담을 회사 매니저 애디슨 페리에게 안내해주었다.

페리가 말했다.

"모두 엄청난 충격을 받았습니다. 트로이 모리슨과 에머슨 매닝은 둘 다 파운드리에서 몇 년을 근무했죠. 다들 가족처럼 지내거든요. 모리슨의 사망은 참 안타까운 일입니다. 그의 부인 베나가 어떤 심정일지 상상하기도 힘들군요. 오십 년이 넘는 동안 파운드리에서 이런 큰 사고는 처음이고, 금속 부품을 다루는 회사로서는 엄청난 일이죠. 하지만 저희 회사는 안전과 생산에 있어 최고로 높은 기준을 준수하고 있으며, 그렇기에 인기 있는 직장입니다."

"그렇군요. 그동안 짐차 사고가 잦은 편이었습니까?"

"아뇨, 절대요! 회사에서 직접 저희가 사용하는 장비까지 생산

하기 때문에, 짐차는 전부 최상의 상태로 관리합니다. 어쩌다 이런 일이 생겼는지 알 수가 없군요. 정말이지, 암울한 날입니다. 모리슨과 매닝은 뱅크스 보석상으로 열 시쯤 출발했습니다. 전부 다 멀쩡해 보였고요. 둘이 절친한 친구 사이라서, 즐겁게 농담하면서 짐을 실었습니다. 매닝이 운전사인데, 제가 아는 중에 그보다 침착하게 운전하는 사람이 없어요. 매닝이 중상을 면해서 그나마 다행입니다. 충분하게 부상을 회복하고 회사에 나왔으면 합니다. 급료를 깎는 일은 없을 테니까요. 회사에서 최대한 지원할 예정입니다."

조시는 회사 매니저 애디슨 페리를 최선을 다해 설득해보았지만, 모리슨이나 매닝의 집 주소는 얻어낼 수 없었다. 얼마 후, 조시는 포기하고 경찰 지인 피트에게 알아보기로 마음먹었다.

신문사 사무실에 돌아온 조시는 경찰서에 전화를 걸다가 퍼뜩 깨달았다.

"피트, 나야. 조이너스 언덕 사고는 사고가 아니야. 살인사건이야. 증명할 수 있어!"

조시 콜은 왜 그 사고가 살인사건이라고 생각할까?

HINT: 잔해

두 사람 모두 사고 순간 차체에서 튕겨져 나갔다. 동승자 모리슨은 길바닥에 떨어지면서 금속 부품에 몸이 꿰뚫렸고, 운전자 매닝은 다리가 부러졌다. 그렇다면 왜 차체 안에 피가 흘러 있을까? 그것은 모리슨이 차 안에서 다쳤어야만 가능한 일이고, 이는 모리슨을 매닝이 찔렀다는 뜻이다.

신문 끝에 매닝은 친구가 자신의 아내와 불륜을 저질러 복수심에 살해했음을 자백했다. 그는 짐칸이 잘 떨어져 나가도록 조작하고, 언덕 꼭대기에서 배달하던 금속 부품으로 모리슨을 찌른 다음 짐칸을 풀어놓았다.

언덕 아래까지 내려왔을 때 모리슨을 밖으로 떠밀어버리고 그 자신도 뛰어내리면 사고로 살인을 덮을 수 있으리라 믿었던 것이다.

원안 국역 특하나

7
겨울에 일어난 살인
Murder in Winter

겨울은 대체로 강력계에는 사건이 별로 없는 시기였다. 살인율은 보통 여름에 치솟고, 겨울까지는 천천히 감소했다가 봄이 돌아와야 반등했다. 그래서 매지 갈런드가 본인 자택에서 목이 졸려 살해된 채 발견되자, 많은 사람이 행동에 나섰다. 파나키 경감이 나섰을 무렵엔 다양한 분야의 전문가들과 다른 경찰들이 이미 현장에 도착해 있었고, 심지어 몇몇은 조사를 마치고 돌아간 후였다.

알론조 프루이트 경관은 가장 먼저 도착한 사람이었다.

"신고를 받고 여기로 오는 데 삼십 분쯤 걸렸습니다. 눈이 겨우 그쳤지만, 거리는 아직 꽤 혼잡했죠. 더군다나 이 집으로 들어가는 진입로를 몇 분 걸려서야 찾았습니다. 눈이 모든 걸 덮어버려서요. 피해자의 남편이 신고했습니다. 충격을 받은 상태였고, 아내가 거실에 죽어 있는 걸 발견했다고 설명했습니다. 뒷문이 열려 있었고, 보석 몇 점과 피해자의 핸드백이 사라졌습니다. 집 주위로 쌓인 눈 자국에는 발자국이나 치운 흔적이 없는 거로 봐서, 살인은 눈이 그치기 전에 벌어진 것으로 여겨집니다. 그게 오후 다섯 시쯤이었고요."

피에르 스틸은 법의학 부서의 기술자였다. 그는 검시관이 시신을 내가도 좋다고 허락하기 전에 사건 현장을 조사했다. 피에르 스틸이 파나키 경감에게 말했다.

"피해자는 사십 대 여성입니다. 사망의 주원인은 질식이고요,

몇몇 곳에 부상당한 흔적을 보아 잠깐 몸싸움을 벌인 듯합니다. 멍 자국이 남자 주먹 크기와 일치합니다. 집이 너무 추워서 사망 시각을 추정하기는 어렵네요. 살인자가 뒷문을 닫았다면 오전 중이었으리라 추측하겠지만, 그게 아니니 좀 더 조사한 후에야 파악할 수 있을 것 같습니다."

피해자의 남편 롤리 갈런드는 부엌에 있었다. 그는 커다란 코트를 걸치고 커피 머그잔을 손으로 감싼 채 멍하니 앉아 있었고, 그 주위를 사람들이 부산스럽게 돌아다녔다.

경감은 그에게로 가서 앞에 앉았다.

"파나키 경감이라고 합니다. 갈런드 씨시죠?"

"파나키 경감이시라고요? 들어본 이름이네요. 신문에 나왔었죠."

"네, 몇 번 나왔죠. 질문 좀 드려도 되겠습니까?"

"그럼요."

"오늘 저녁에 있었던 일을 이야기해주실 수 있을까요?"

"네. 전 시내에 있는 금융기관 슐러 브라더스에서 일합니다. 눈이 내리고 있었고, 제가 회의에서 빠져나왔을 때쯤엔 교통 상황이 엉망이라 집까지 오는 데 한없이 오래 걸렸죠. 도착해 보니 여섯 시 반이 넘었더군요. 집이 캄캄해서 이상하다 싶었어요. 아내 매지가 낮잠을 자나 했죠. 문을 열어보니 안이 정말 추웠습니다. 그때 '이거 뭔가 잘못되었구나!' 싶었죠. 아내를 불렀지만 아무 대답이 없었습니다. 그러다가 거실에 쓰러져 있는 걸 발견했습니다. 깨우려고 했지만 일어나질 않더라고요. 너무 차가웠어요. 아내는 추운 걸 싫어했는데……. 숨을 쉬지 않고 있었고, 그래서 신고했습니다. 경찰분들이 오셨고, 연신 새로운 사람들이 오더니 아내를 데려갔고, 저만 여기 남았네요. 그게 다입니다."

"고맙습니다, 갈런드 씨. 지금으로선 이걸로 됐습니다."

경감은 복도로 나가서 프루이트 경관을 불렀다.

"갈런드 씨와 서에서 이야기를 좀 해야겠어. 함께 가자고."

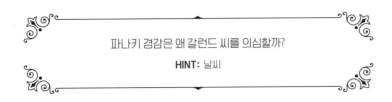

파나키 경감은 왜 갈런드 씨를 의심할까?

HINT: 날씨

　남편 롤리 갈런드는 오후 여섯 시 삼십 분에 집에 도착했다고 진술했는데, 그 시간이라면 눈이 그치고 한 시간 반이 지난 후이다. 프루이트 경관이 사건 신고를 받고 삼십 분 후 현장에 도착했을 때, 그는 집으로 들어가는 길이 눈에 덮여서 어디로 들어가야 할지 찾느라 애를 먹었다고 했다. 그럼 갈런드는 어떻게 도로에서 집까지 흔적을 남기지 않고 들어간 걸까? 갈런드는 눈이 멈추기 전에 집에 온 것이 분명하다.

　결국, 그는 아내를 살해했음을 자백했다. 그는 회의 참석자 몇 명에게 자신이 그 자리에 있었음을 인지하게 만든 후 회의장에서 살짝 빠져나와 집에 일찍 왔다. 그런 다음 아내 매지를 죽이고, 문과 거실 창문을 활짝 열어 집 안을 춥게 만들었다. 또한 강도 사건처럼 보이게끔 귀중품 몇 가지를 훔쳐 바깥 눈 속에 숨겼다. 두어 시간이 지난 후, 그는 창문을 닫고서 경찰에 신고했다.

　그는 스물일곱 살의 여자와 바람을 피우고 있었다. 아내를 죽이고 자유의 몸이 되어 그녀와 결혼하고 싶어 범죄를 저지른 것이다.

8

마지막 공연
The Last Performance

얼로이셔스 젠트리는 늘 뉴스메이커였다. 악명을 몰고 다니는 배우로서 논란을 먹고 살았고, 늘 아름답고 신비로운 여자들이나 유명 정치인, 심지어는 널리 알려진 갱 조직원들과도 대놓고 어울렸다. 스캔들을 일으키지 않으면, 소문을 퍼트리거나 논란거리에 대해 대놓고 자기 의견을 말하고, 그것도 아니라면 사진기자들의 뺨을 때려 새로운 기삿감을 제공했다.

하지만 여태껏 그 어느 뉴스보다 가장 큰 특종은, 전석 매진된 연극 공연 무대 한가운데에서 그가 총에 맞아 사망한 일이었다. 〈센티널〉지의 필립 카터 기자는 공연 시작 전부터 현장에 있었다. 그는 편집장이 조시 콜에게 취재를 넘기라고 하자 기분이 좋지 않았지만, 마지못해 대형사건 담당 기자인 조시에게 연극이 운명적인 순간에 이르기까지의 전 과정을 들려주었다.

"얼로이셔스가 맡은 '댈러스'라는 인물과 코이 러스칸이 맡은 '이스라엘'이라는 인물이 서로 얼굴을 바꾸곤, 둘이 이델라 존슨이 연기하는 '앨리스'라는 여자를 두고 말다툼을 하지. 이스라엘이 댈러스에게 총을 겨누면 곧 조명이 꺼지고, 탕 소리가 난 후 앨리스가 비명을 지르는 거야. 그리고 조명이 다시 들어왔을 때 댈러스는 그 자리에 쓰러져 죽어 있고, 주변은 댈러스가 쓰러지면서 터트리기로 되어 있는 봉지에서 나온 피로 흥건하지. 그게 연극의 클라이맥스였어. 그렇지만 어젯밤까지 아무도 얼로이셔스가 진짜로 죽을 줄은 몰랐을 거야. 몇 분 후 장면이 전환되고 그가 일어서지 않자,

그때야 다들 무슨 일이 났구나 하고 알게 된 거지. 본인이 이렇게까지 주목받을 줄 알았다면, 그가 살아생전에 참 좋아했을 텐데 말이야."

경찰인 피트가 사망 원인을 확인해주었다.

"총에 맞은 게 확실해. 가끔 공포탄이 잘못 발사될 때도 있고, 그것도 역시 위험하지만 이번 경우는 실탄이 맞아."

범죄 현장에서 조시는 연극 연출가인 아놀프 바커를 만났다.

"비극적인 사고입니다, 콜 씨. 어디에 비할 데 없이 비극적이죠. 그러니 출연진을 더는 심란하게 하지 말아주셨으면 합니다."

"이해합니다. 연출자님의 허락 없이는 출연진을 방해하거나 취재하는 건 꿈도 안 꿨습니다. 하지만 제가 직접 듣기 전에는 사건 정황을 제대로 파악할 수가 없어서요. 지금 제가 가진 대략의 정보로는, 아무래도 살인 같다고 생각 중이었는데요. 기사 제목으로 '죽음의 무대에 안전장치는 없었다' 정도면 좋겠군요."

그러자 바커의 얼굴이 창백해졌다.

"설마 그렇게 기사를 쓰시진 않겠죠?"

"저도 그러고 싶진 않습니다."

조시가 미소를 지어 보이자, 바커가 말했다.

"젠장! 그럼 가서 이야기해봐요. 감출 일은 아무것도 없으니까. 사고라는 걸 확실히 알게 될 겁니다. 하지만 우리 출연진들의 심기를 어지럽히면, 〈센티널〉지는 앞으로 내 출연진이나 작품에 다시는 접근하지 못할 줄 알아요."

"명심하겠습니다. 양해해주셔서 고맙습니다."

작품 속 악역 '이스라엘'의 코이 러스칸은 지금의 상황이 매우 억울한 듯, 조시와 이야기하게 되어 기뻐하는 것 이상으로 보였다.

"불쌍한 얼로이셔스는 관객에게 총을 맞았죠. 확실합니다. 내가 소품 총을 쏘는 것과 타이밍을 맞추기가 그렇게 어렵진 않았을 거예요. 공연 몇 번만 보러 오면 완전히 파악할 수 있을 테니까요. '음악이 멈추고 쿵쿵 박자, 그다음 탕!' 시계처럼 정확하죠. 내가 쏜 총소리가 어째 이상하다 싶었어요. 두 번째 총소리가 들렸던 것 같아요."

그의 열변은 몇 분간 더 이어졌으나, 조시는 굳이 받아 적지 않았다.

여주인공 역을 맡은 이델라 존슨은 좀 더 차분했다.

"코이 러스칸이 다른 총소리가 있었다고 주장하는 건 알지만, 저는 확실히 못 들었어요. 무대 옆쪽으로 빠져 있었으니까 제 말이 정확할 거예요. 코이가 얼로이셔스를 죽인 거예요. 하지만 왜 그랬는지 이유는 모르겠네요. 얼로이셔스가 남자고 여자고 가릴 것 없이 여러 사람의 심기를 거스른 건 사실이지만, 코이한테는 아니었거든요. 둘은 정말로 친구였어요. 저야, 파리 한 마리 못 해치는 사람이죠."

헨리 니콜스는 소품 담당이었다.

"누가 얼로이셔스를 쐈든 간에, 소품 권총은 아닙니다. 소품 매니저인 포스터 그레이 씨가 그걸 보관함에서 꺼내는 걸 코이와 제가 봤고, 제가 코이한테 넘겼거든요. 그런 다음 코이가 세트장으로 나갔고요. 코이가 어둠 속에서 진짜 총알을 장전한 다음에 얼로이셔스를 쏠 시간이 있었을 리가 없어요. 총기 보관함에는 공포탄뿐이지 실탄은 없고, 저희 소품용 공포탄을 보시면 차이점이 아주 뚜렷할 겁니다. 게다가 보관함은 정말 안전해요."

그는 벽 쪽의 아주 튼튼한 금속 캐비닛을 가리켰다.

"하나뿐인 열쇠는 그레이 씨가 목에 걸고 다니고, 저걸 뚫으려면 문을 뜯어야 해요. 그러니 소품 권총이 흉기였을 리 없고, 그렇다면 코이는 범인이 아니죠. 코이한테 권총이 하나 더 있었다면 의상 때문에 아주 뚜렷하게 보였을 겁니다. 아마, 그레이 씨도 오시면 똑같은 말씀을 하실 거예요."

조시 콜이 말했다.

"괜찮습니다. 어떻게 된 일인지 이미 충분히 짐작이 가네요."

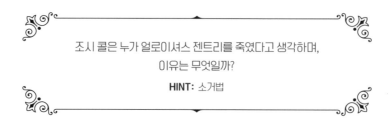

조시 콜은 누가 얼로이셔스 젠트리를 죽였다고 생각하며,
이유는 무엇일까?

HINT: 소거법

총이 하나뿐이고 총성도 한 번뿐이었다면, 소품 담당 니콜스의 주장과 무관하게 소품 권총이 흉기여야만 한다. 그리고 실탄을 장전할 수 있는 사람은 소품 매니저인 포스터 그레이뿐이다.

포스터 그레이는 그날 저녁에 출근하지 않았고, 마침내 행방이 밝혀지자 권총에다가 실탄을 장전하라는 협박을 받았다고 털어놓았다. 그가 협박범의 말을 들어야 했던 이유는 외부에 공개되면 아주 곤란한 사진 때문이었다. 협박범이 코이 러스칸에게 불리한 증거를 심어놓겠다고 약속했기에 (그러나 실패했다) 그 계획에 협조했던 거였다.

9

미망인 살인사건
The Widow

　시내 변두리 지역에 사는 젊은 미망인 폴리 터크는 어느 날 저녁 시끄러운 말싸움 이후 자택에서 사망한 채 발견되었다. 집을 조사한 결과 강제로 침입한 흔적은 없었으며, 도둑맞은 것도 없어 보였다. 그녀는 머리에 상처를 입고 사망했으나, 시기와 회복 정도가 제각각인 멍과 자상이 여럿 있었다.

　미망인의 전남편 빌 터크는 공사장 인부였다. 그는 약 이 년 반 전 일하던 중 추락사했다. 부부에게는 자녀가 없었으며, 남편이 죽은 후 폴리는 웨이트리스로 일했다. 친척들은 그녀를 조용하지만 낙천적이라고 평가했다.

　사건 초기에는 폴리의 남자 친구이자 죽은 남편의 예전 동료인 셔먼 클라크에게 관심이 쏠렸다. 그는 삼십 대의 체격 좋은 남자로, 파나키 경감과의 면담에 상당히 취한 모습으로 나타났고, 며칠째 면도도 하지 않은 얼굴이었다.

"그래요, 몇 잔 마셨습니다. 그래서 뭐요? 죄도 아닌데. 폴리는 좋은 여자였어요. 내가 뭘 좋아하는지 알고, 열심히 해주었죠. 한 번도 남을 무시하거나 주제넘은 소리를 한 적도 없고요. 여자한테는 드문 장점이죠. 빌이 죽고 나서, 잘 지내도록 내가 신경을 써줬어요. 옆에서 도와주고. 그러는 사이에 가까워졌죠. 난 그 예쁜 사람의 머리털 하나 해치지 않았습니다. 뭐라고요? 멍이요? 폴리는 덤벙거렸어요. 늘 어디에 걸려 넘어지고 부딪히고. 조심하라고 늘 일렀는데 통하질 않더군요. 아시잖습니까, 그게 다입니다. 화요일

밤엔 프리스 가의 패럿에 있었습니다. 일 끝나고 동료들과 머리 좀 식히러 갔었죠. 열한 시에 쫓겨날 때까지 있었습니다."

셔먼 클라크는 결백을 주장했지만, 폭행 목격자가 있었다. 앨빈 메이슨은 서른여덟 살의 가게 점원으로, 옆집에 살았다.

"그 덩치 큰 짐승이 폴리를 때리는 걸 봤습니다. 화요일 여덟 시쯤이었죠. 폴리네 집에서 또 고함이 시작되더군요. 드문 일은 아니었지만, 이번에는 뭔가 다르게 들렸어요. 폴리가 걱정되더군요. 다정하고 상냥한 여자고, 그런 남자와 어울리지 말아야 했는데. 이번엔 주먹질하는 술꾼보단 나은 사람을 만났어야 했어요. 남편이 세상을 떠난 후로 최선을 다해 도와주었지만, 똑같은 패턴으로 돌아가더군요. 방금 전에 말씀드렸듯이 화요일엔 평소보다 심각하게 들렸습니다. 신고해야 하나 생각했죠. 그랬으면 좋았을 텐데, 신고를 안 했어요. 따뜻하게 껴입고 폴리의 집에 가보았죠. 거실 커튼 틈이 약간 벌어져 있기에, 창가로 가서 서린 김을 닦아내고 안을 들여다봤어요. 클라크가 폴리의 멱살을 잡고, 주먹을 치켜들고 있더군요. 그리고 그녀에게 주먹을 날리면서 멱살을 놔서, 그녀의 머리가 벽난로에 부딪혔어요. 제가 헉 소리를 내는 바람에 그가 돌아봐서 도망쳤습니다. 네, 부끄럽습니다. 도망쳐서 숨었어요. 곧이어 폴리의 집 문이 쾅 닫히는 소리가 났고, 몇 분후 확인하러 가봤지요. 폴리는 이미 죽은 후였습니다."

페이 깁스는 폴리의 다른 쪽 옆집에 사는 나이 든 여자였다.

"둘이 소리 지르는 걸 들었죠. 가끔 그래요. 그렇게 예쁜 여자가

하필 그런 부류의 남자에게 발목 잡히다니 참 슬프죠. 남편도 마
찬가지였는데. 세상에는 불행에서 벗어나질 못하는 사람이 있는
가 봐요. 아무튼, 소리가 그치기에 별생각 안 했는데, 경찰관이 찾
아왔더라고요. 이 근방에선 대체로 자기 일만 신경 써요."

　파나키 경감은 메모를 다시 읽으며 한숨을 내쉬었다. 잔혹하고
안타까운 일이었지만, 다행히 살인범의 정체는 알 수 있었다.

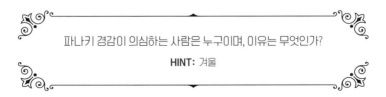

파나키 경감이 의심하는 사람은 누구이며, 이유는 무엇인가?

HINT: 겨울

결로는 습기를 머금은 따뜻한 공기가 차가운 표면에 닿을 때 생기며, 표면에 김이 서린다. 여름에는 이따금 해진 후 창문 바깥쪽에 김이 서린다. 겨울에는 창문 안쪽에 김이 서리고, 밤에 특히 그렇다.

앨빈 메이슨이 지적했듯이 그날 밤은 추웠다. 실내가 그보다 따뜻하니 창문 바깥쪽에 김이 서렸을 리 없다. 그는 거짓말이 발각되자, 순순히 자백했다. 앨빈 메이슨은 폴리를 찾아가 서먼 클라크를 버리고 자신에게 오라고 설득하려 했다. 그러다 말다툼이 되었고, 앨빈 메이슨이 폴리를 밀쳤다. 폴리는 넘어지면서 머리를 벽난로에 부딪혔고, 그게 치명상이 되었다. 메이슨은 결국 과실치사로 형을 받았다.

10

간 큰 도둑
The Audacious Burglar

넬라 그린이 몸을 돌려 하얀 자갈 진입로를 걸으며, 유리창이 깨져 텅 비어 있는 창틀을 가리켰다. 혹시라도 창틀로 비바람이 들이치지 않게 방수천을 대놓은 상태였다.

"저기로 들어왔어."

넬라 그린은 한숨지으며, 최근에 사들인 커다란 전기 분수 턱에 걸터앉았다. 가운데에 서 있는 물의 정령 조각을 향해 하얗게 물보라가 흩날렸다.

메리 밀러는 창틀을 눈여겨보며 말했다. 안으로 침입하기에 충분한 크기였다.

"아무도 유리 깨지는 소리를 못 들었나 보네."

"다들 저녁 식사 중이었어. 식당은 집 저편으로 나와 남편 앨드리드 그리고 홀버트 부부가 함께 있었고, 하녀 둘이 식사 시중을 들었지. 요리사는 부엌에 있었으니 집이 조용했더라도 아무것도 듣진 못했을 거야. 우리는 그래도 유리 깨지는 소리를 듣긴 했는데, 그전에 전기가 나가서 가스등을 다 켜놨었거든. 그게 얼마나 요란스럽게 씩씩대는지 쉽게 잊곤 해. 그래서 우린 평소보다 좀 큰 목소리로 이야기하고 있었어. 떠들썩하니 잔칫날 같았지. 도둑이 든 걸 알기 전까지는 말이야."

메리 밀러는 고개를 끄덕였다.

"많이 없어졌어?"

넬라는 한숨을 지었다.

"어휴, 내 가방에다 에멀린 홀버트의 가방, 남편 앨드리드의 훈장들, 유웰 홀버트의 코트에서 가져간 지갑, 고가의 골동품 여행용 시계, 그리고 시어머님에게 결혼 선물로 받은 작은 황금 백조까지. 금액도 문제지만 진짜 소중한 물건들도 있어서 정말 당황스러워."

"정원사가 도둑을 얼핏 봤다고 그랬지?"

"응, 맥이 설비실에서 전기를 고치고 있었거든. 설비실은 집 앞쪽 진입로 끝에 있어. 맥이 고개를 들었다가, 키 크고 근육질에 검은 머리, 짙은 옷차림을 한 사람을 얼핏 봤다는 거야. 하지만 분수 너머로 봤을 뿐이라, 체격과 형체는 대략 알아도 얼굴은 물보라에 가려져 못 본 거지. 저녁나절이라 어둡기도 했고. 맥이 그 사람을 쫓아가긴 했지만 잡지 못했어. 경찰은 그나마 범인이 목격됐다는 점을 고무적으로 생각하고 있어. 물건을 되찾을 가능성이 커졌다고 여기는 것 같아."

메리 밀러는 창틀만 남은 창을 가리키며 물었다.

"그 물건들이 다 저 창문 있는 방에 있었어?"

"어머, 아니야. 내 가방하고 남편의 훈장 케이스는 거기 있었고, 홀버트 부부의 물건들은 코트와 같이 현관 홀에 있었지. 여행용 시계도 거기에 놓여 있었고, 백조는 응접실과 현관 사이 복도에 있었어."

"그렇다면 상당히 간 큰 도둑이네."

넬라 그린은 미간을 찌푸렸다.

"맞아. 근데 솔직히 범인 실력에 감탄하기보단 상당히 열이 받은 상태야."

"당연히 그럴 만해. 그냥 전체 상황을 그려보려는 중이야. 집사는 어디에 있었다고 했지?"

"말을 했었나 모르겠네. 로이드는 대체로 우리와 함께 식당에 있으면서 요리사가 음식 내오는 걸 도왔지. 그러다가 요리사하고 같이 부엌으로 돌아갔고. 보통은 우리랑 같은 시간에 부엌에서 따로 식사해. 그러면 우리가 식사를 다 마친 후에 일할 수도 있으니까."

"그럼 요리사와 같이 있었겠네."

"그렇지."

메리 밀러는 미소 지었다.

"응, 그렇다면 간단한 일이네."

메리 밀러가 생각하는 사건의 진상은 무엇이며, 이유는 무엇인가?

HINT: 시야

정원사 맥은 분수 너머로 침입자를 봤지만 물보라에 얼굴이 가려져 명확하게 보지는 못했다고 했다. 하지만 분수는 전기로 작동되는 거였고, 당시엔 정전 상태였다. 맥은 분수가 작동하지 않았음을 잊고 거짓말한 게 분명하다.

신문 끝에, 맥은 침입자에 대한 진술은 지어낸 이야기며, 절도는 사람들이 저녁 식사에 정신이 팔린 사이에 본인이 저질렀다고 자백했다.

11

외돛배 제작자의 죽음
The Sloop Man

    클로드 켄튼은 굉장히 세련된 18세기식 외돛배를 만드는 유명한 제작자였다. 일을 시작한 초기에 그는 열성 요트광을 위해 배를 제작해 널리 알려졌고 이후 사업이 번창했다. 십 년 후, 그의 작품은 전국적으로 호평 받았고, 주문 대기가 사 년이나 되었다.

    그의 살인사건은 업계에 끔찍한 충격을 불러왔다. 하지만 이미 그의 작품을 가진 사람들은 말 그대로 하룻밤 사이에 가격이 네 배로 뛰어 은근히 기뻐했다.

    시신을 발견한 운 없는 사람은 클로드 켄튼의 어린 시절 친구인 왓슨 헤이스였다. 본인도 널리 알려진 조각가로 주로 나무로 작업하였으며, 그가 제작한 조각상은 은행, 기업 본사, 부유층 저택, 몇 군데 미술관에 전시되어 있었다. 켄튼의 배에는 상당수 헤이스가 제작한 선수상이 달려 있었으며, 서로의 작품이 유명세를 높이는 데 일조했음은 의문의 여지가 없었다.

조시 콜은 왓슨 헤이스의 작업실로 찾아갔다. 헤이스는 차분한 말투에 짙은 색의 머리를 길게 길렀으며, 유난히 강렬한 눈빛을 지닌 날씬한 남자였다. 그의 작업실에는 아직 손을 대지 않은커다란 통나무 몇 개가 세워져 있었다. 다른 두 개에는 방수포가 덮여 있었다.

"끝날 때까지는 아무한테도 보여주지 않습니다."

주의 깊게 작업실을 둘러보던 조시는 화들짝 놀랐다.

"뭐라고 하셨죠?"

"작업 중인 작품들이요. 방수포를 쳐다보시기에. 끝날 때까지는

아무한테도 보여주지 않습니다. 제가 김이 빠져서요. 다른 사람의 눈에 제가 볼 수 있는 가능성이 오염되는 게 싫습니다."

"아, 죄송합니다. 오염시킬 뜻은 아니었습니다. 제 이름은……."

"조시 콜이죠. 클로드에 대해 알고 싶어 오셨죠?"

"네, 맞습니다."

헤이스는 의자를 손짓했다.

"앉으시죠."

둘 다 앉자 헤이스는 고개를 끄덕였다.

"클로드는 불같은 사람이었어요. 활기차고 열정이 넘쳤으며, 때로는 따뜻하고 온화했고, 때로는 격하고 무서웠죠. 그가 떠나니 세상이 더 좁고 춥군요. 우리는 어릴 때 만났어요. 그때도 그 친구 안에서 불타는 빛을 볼 수 있었죠. 학교 다니는 내내 전 그 친구의 그림자였습니다. 저한테도 그게 잘 맞았고요. 저는 사람들을 이해할 수가 없었고, 조명받는 위치가 편하지 않았거든요. 클로드는 아주 자비로운 신이었죠. 어쩌다 보니 여기까지 왔군요. 앞으론 어찌 될지 모르겠습니다."

"클로드 씨가 살해당한 후에 그를 처음 발견하셨다고요?"

"네."

헤이스는 공포가 차오르는 듯 눈을 크게 뜨면서 다시 고개를 끄덕였다.

"그 끔찍함은 감당할 수 없는 광경이었죠. 작업하던 매끈하고 탄탄한 선체 옆에 얼굴을 아래로 하고 쓰러져 있었습니다. 양어깨

견갑골 사이에 칼이 꽂혀 있었죠. 몸에서 두꺼비처럼 툭 튀어나온 게 모욕적으로 보였습니다."

"잠깐만요. 칼이 두꺼비 모양이었다고요?"

"아뇨! 참 특이한 상상을 하시네요, 콜 씨. 끔찍한 걸 자주 보신 모양입니다. 칼은 그냥 칼처럼 생겼죠. 그 차갑고 단단한 칼날에 죽음이 새겨져 있었습니다. 잘못인 줄은 알지만, 클로드를 거기 그렇게 바닥에 둘 수가 없었습니다. 클로드는 그런 오래된 피 웅덩이에 쓰러져 있게 두어선 안 될 사람이에요. 땅이 아니라 불이니까요. 그래서 클로드를 안쪽으로, 책상 근처로 옮겼습니다. 창고 안까지 길게 핏자국이 이어졌지요. 클로드의 불길은 남아 있지 않더군요. 피부가 창백하고 밀랍 같았어요. 열기는 이미 다 빠져나가 공기와 땅에 스며들어 있었습니다. 그때 죽음이란 무엇인지 진정으로 이해했지요."

"네?"

"죽음이란 엔트로피입니다. 당신을 구성하는 모든 것의 해체, 당신의 모든 영원한 에너지가 동일하고 구별할 수 없는 무(無)의 무한한 구름 속으로 흩어지는 거지요. 차이점이 없다면 통나무와 여자의 눈을 어찌 구별할 수 있겠습니까? 그게 죽음입니다. 보아하니 알겠군요. 기자님은 물입니다. 생전에 알았으면 클로드를 싫어하셨을걸요."

그는 잠시 입을 다물었다. 조시가 다시 물었다.

"싫어한다는 이야기가 나왔으니 말인데요, 클로드 씨에게 혹시

적이 있었습니까?"

"적이란 참 이상한 단어죠, 안 그런가요? 상대를 언제나 생각하고, 상대를 놓고 내 삶을 설계하고, 거기에 맞추고, 노력하고. 그게 사랑이 아니면 뭡니까? 클로드에게 적이 있진 않았을 겁니다. 뭐, 클로드를 공격적이라 여기던 경쟁자가 있긴 하네요. 필리페라는 남자인데, 클로드보다 먼저 아름다운 배를 제작하기 시작했지만 성공하진 못했죠. 그러나 '적'이라는 단어를 쓰기는 망설여지는군요."

"필리페 씨에 대해 더 해주실 말씀이 있으신가요?"

"아뇨. 더는 아는 게 없군요. 제 생각엔 그 사람도 물입니다."

"그렇군요. 시간 내주셔서 고맙습니다, 헤이스 씨. 아주 흥미로웠습니다."

사무실로 돌아와서, 조시는 경찰서의 피트에게 전화를 걸었다.

"그 죽은 외돛배 제작자 말이야, 그 조각가 친구가 죽인 게 확실해 보여."

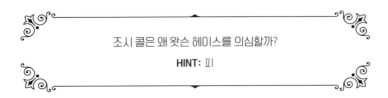

조시 콜은 왜 왓슨 헤이스를 의심할까?

HINT: Ⅱ|

시체의 피부가 창백해졌을 즈음엔 피는 응고되어 시체를 끌고 가도 바닥에 핏자국이 남지 않았을 것이다. 특히 부상 부위가 시체 상단부에 있었을 경우엔 이미 흐른 피가 조금은 흐트러지기야 하겠지만 이미 굳어져 길게 이어진 핏자국이 아니라 몇 군데 묻는 정도에 그쳤을 것이다.

헤이스는 클로드 켄튼이 죽은 지 얼마 안 되어 옮긴 게 분명하다. 또한 발견 시점과 시체 피부색에 대해 거짓말을 한 유일한 이유는 그가 살인범이기 때문이다.

그는 신문하자 순순히 자백했다. 조사해보니 헤이스가 사랑하는 마저리 레니라는 여자에게 클로드 켄튼이 구애 중이었다는 사실이 밝혀졌다. 헤이스로서는 견디기 힘든 일이었다.

12

보험 영업인 살인사건
The Insurance Salesman

    파나키 경감은 죽은 사람의 사무실을 둘러보았다. 넉넉한 크기의 공간이 말끔하게 정리되어 있었고, 벽에는 인테리어용 미술품을 걸어놓았다. 편안해 보이는 사무용 의자가 앞뒤로 놓인 책상과 함께 있었으며, 한쪽 벽에는 소파를 붙여두고 그 앞에 테이블을 놓아두었다. 이미 서류는 다 치운 후였다.

    소파에서 발견된 희생자의 이름은 아덴 심스였다. 그는 홀버트 보험회사에서 기업보험 영업을 했으며, 보아하니 아주 성공한 모양이었다. 짙게 그을린 피부는 새하얀 결혼반지 자국과 대조되어 최근에 휴가를 다녀왔음을 알 수 있었다. 그는 가슴과 상체에 여러 차례 총상을 입었으나, 총은 현장에서 발견되지 않았다.

    파나키 경감은 피살자의 가족에게 연락하고, 경찰 동료들은 증거를 모으느라 지역 주민들을 탐문했다.

다음 날 아침, 심스 살인사건에 대한 사전 보고서가 준비되었다. 저녁 일곱 시 사십오 분에 근처 건물에서 청소원이 총성을 듣고 신고한 거로 확인되었다. 청소원은 딱히 목격한 게 없었고, 주위 탐문 조사에도 목격자가 나오지 않았다.

심스와 아내 도나는 시내의 부유한 지역에 살았으며, 두 사람 사이에 자녀는 없었다. 심스의 소지품에서 나온 증거를 보면 그에게 애인이 있었음을 알 수 있었고, 비서 크리스천 바넷은 마지못해 그 여자가 에바 갠튼이라고 알려주었다.

파나키 경감은 미망인부터 면담하기로 마음먹었다. 도나 심스는 슬픔과 충격에 빠져 있음에도, 친절하고 사근사근한 여자였다. 삼십 대 초반이며 적갈색 머리색을 갖고 있었다. 파나키 경감은 그녀에게 커피를 권하고 와줘서 고맙다고 인사했다.

"사실, 집에서 나오니 오히려 마음이 놓이네요. 제가 감사를 드려야죠. 뭘 도와드릴까요?"

"우선 남편분의 최근 생활을 알아보려고 합니다."

"아, 그건 쉽죠. 일이요. 아덴은 완전히 일 중독자였어요. 일주일에 최소한 세 번은 열 시가 넘도록 회사에 있었죠. 가끔은 주말에도 출근하고요. 물론 그런 줄이야 진작부터 알았죠. 고객들은 이쪽 스케줄은 신경 쓰지 않으니까요. 햇수가 쌓이면서 점점 일하는 시간이 줄어들길 바랐지만, 그렇게 되지 않았어요. 변함없이 일은 많더라고요. 드디어 올해 휴가를 냈을 땐 놀랐다니까요."

"여행을 가셨습니까?"

"네, 아름다운 작은 해안 리조트에서 두 주를 보냈어요. 날씨가 완벽했죠. 아덴도 긴장을 풀었고요."

도나 심스는 조금씩 얼굴이 구겨지더니 결국 울기 시작했다. 경감은 휴지 상자를 건네주었고, 그녀는 눈물을 찍어냈다.

"그만하면 아름다운 작별이겠죠. 겨우 닷새 전에 돌아왔어요. 남편에게 일하다 죽을 거라고 농담으로 말하곤 했지만, 강도 손에

죽게 될 줄은 생각도 못 했네요."

"남편분이 혹시 일 외에 다른 관심이 있었는지, 아는 게 있으십니까?"

그녀는 쓴웃음을 지었다.

"어떤 거요, 스포츠나 술? 아니면 다른 여자? 아뇨, 어림도 없어요. 회사에선 그럴 시간을 전혀 안 줬는걸요. 남편은 늘 피곤해했어요. 불쌍한 아덴. 이제 드디어 제대로 쉬게 됐네요."

도나 심스가 가고 몇 시간 후, 에바 갠튼이 조사를 위해 왔다. 그녀는 도나보다 젊고 예뻤으나, 상냥함이라곤 전혀 없어 보였다. 하지만 그녀의 얼굴에도 슬픔과 충격이 역력했다.

파나키 경감이 그녀에게 말했다.

"아덴 심스에 대해 말씀해주시죠."

"다정했어요. 사귄 지 이제 이 년쯤 되었죠. 하지만 그이는 일을 너무 많이 했어요. 그이 어머니가 그렇게 짐만 되지 않았어도 시간이 좀 더 났을 텐데. 그이와 결혼할 참이었어요. 다 계획해두었죠. 며칠 전 여행에서 돌아왔을 때 청혼을 하려나 생각했지만, 안 했어요. 이제는 그럴 일이 없겠네요."

"그가 유부남인 걸 몰랐습니까?"

"네? 말도 안 돼요!"

경감은 그녀에게 심스의 결혼증명서 사본을 보여주었다. 그러자 에바의 얼굴에서 핏기가 싹 가셨다. 그녀는 조용히 말했다.

"전……. 네, 알겠어요."

그녀의 눈에 눈물이 고였다.

"그럼 그 사람의 어머니는요?"

"돌아가신 지 거의 십 년 된 거로 알고 있습니다."

에바 갠튼은 약간 비틀거리며 자리에서 일어났다.

"가봐야겠어요."

파나키 경감도 일어섰다.

"물론 가셔도 됩니다, 갠튼 양. 하지만 시내를 벗어나선 안 됩니다. 변호사를 구하는 게 나을지도 모르겠군요. 아직 더 질문드릴 것이 많습니다."

파나키 경감은 왜 에바 갠튼을 의심할까?

HINT: 동기

에바 갠튼은 심스가 결혼한 줄 전혀 몰랐다고 주장했다. 이는 그가 그녀와 만날 때는 반지를 빼놓았다는 의미가 된다. 하지만 시체의 상태에서 알 수 있듯이 그는 휴가 중에 반지를 빼놓을 생각을 하지 못했다. 그래서 아덴 심스가 휴가에서 돌아와 에바와 만났을 땐, 반지 자국이 손가락에 선명히 남아 있었다. 모욕감을 느낀 에바 갠튼은 다음번 만남에 권총을 가져가 사무실에서 그를 쐈다.

권총은 그날 오후에 그녀의 집에서 발견되었으며, 아덴 심스의 시체에서 꺼낸 총알과 일치했다. 그제야 에바는 자백했고, 배반으로 인한 분노에 저지른 일이었다고 호소했다.

원안 극좌 콜파나 180

13

박스턴 주류 전문점 도둑
The Boxton Liquor Store

박스턴 주류 전문점은 시내의 가난한 지역에 위치한 보기 흉한 가게였다. 창문에는 죄다 쇠창살을 달았고 문도 비슷하게 보강했다. 가게 전면 가장자리에 위치한 조그마한 접객용 창구마저 기병대가 습격해 와도 버틸 만큼 튼튼해 보였다.

문 옆의 창문 안에 붙인 허름한 카드에는 영업시간이 오후 여섯 시까지며 문이 닫힌 이후에는 창구 영업만 한다고 쓰여 있었다. 가게 앞에 비딱하게 세워진 유명 맥주 브랜드 광고판이 오후 햇살에 번뜩였다. 요란스러운 녹색 차양이 창문에 비가 들이치지 않게 가려주긴 했으나, 창살이 녹스는 걸 막진 못한 듯했다. 가게 문 주위와 보도엔 담배꽁초가 널려 있었다.

"멋지네."

조시 콜의 말에 사진기자 아담 매튜스는 그냥 끙 소리만 냈다.

"아담, 가게 바깥도 촬영하고 싶어?"

"아뇨, 전혀요."

조시의 경찰 지인 피트가 용감한 계산원이 미치광이에게 전날 밤에 살해당할 뻔한 사건을 들려주었다. 그리고 오늘 정오 이후에 그곳으로 가면 사진발이 아주 잘 나올 거라면서 꽤 괜찮은 기삿감이라고 장담했었다. 조시는 한숨을 쉬었다.

아담이 옆에서 말했다.

"도넛을 너무 드셔서 친구분 머리가 멍해졌나 봐요."

"뭐, 왔으니 들어가 보자고."

그들이 가게에 들어서자, 키 크고 근육질 체격의 젊은 남자가 돌아보았다. 그 순간 조시는 피트의 말을 이해했다. 청년은 예쁘다 싶을 만큼 잘생겼고 새카만 머리칼에 선명한 초록색 눈을 갖

고 있었다. 콧등 위쪽이 시커멓게 멍이 들었는데, 묘하게도 그것이 외모를 망치기보다는 오히려 돋보이게 해주었다.

아담이 중얼거렸다.

"도넛에 문제가 없었나 보네요."

조시는 서글서글하게 웃으며 말했다.

"안녕하세요. 〈센티널〉지에서 나온 조시 콜입니다. 어젯밤에 있었던 영웅적인 모험담을 들었습니다. 일 면 기삿감이 될 수도 있을 듯한데요, 몇 가지 질문에 답해주시겠습니까?"

청년은 씩 웃었고, 얼굴이 환해졌다.

"네, 알렉스 던랩입니다. 정말 반갑습니다, 콜 씨."

아담이 카메라를 설치하고 사진을 찍는 사이, 조시는 던랩에게서 전날 밤의 사건을 들었다.

"아홉 시쯤이었죠. 제가 여섯 시부터 자정까지 일하는데, 근무 시간이 딱 반 지났구나 싶어 반가워했기 때문에 시간을 기억합니다. 제가 바닥을 청소하고 있는데 그 사람이 가게 안으로 들어왔어요. 처음엔 별생각이 없었죠. 키가 저보다도 크고, 아주 짧은 금발 머리에, 눈은 옅은 파란색이었고요. 길고 묵직한 검은 코트 차림이었죠. 카운터로 다가오기에 '뭘 도와드릴까요?' 하고 제가 물었습니다. 그랬더니 '그래, 돈 내놔' 하면서 권총을 꺼내는 겁니다. 손등에는 닻 모양의 문신이 있었고 억양이 강했어요, 독일어나 네덜란드어처럼. 조금 더 덤덤하고 강했던 것 같기도 하고요. 무슨 말인지 아시겠죠?"

조시는 고개를 끄덕였다.

"어쩌면 스칸디나비아 출신일 수도 있겠군요."

"그럴지도요. 너무 놀라서 그냥 쳐다보고만 있었죠. 그랬더니 그 사람이 몸을 앞으로 숙이면서 머리로 제 미간을 들이받는 겁니다. 전 뒤로 쓰러지면서 럼과 진 위로 넘어졌고, 그대로 뻗었죠. 잠깐 기절했어요. 정신이 들어 보니, 꽁꽁 묶여 있더군요. 남자는 계산대를 뒤져 털고 있었고요. 제가 말을 하려 했더니, 그 사람이 돌아보면서 자기 입가에 총신을 갖다 대 보이더군요. 닥쳐야 할 때라는 걸 알고 입을 다물었죠. 그 사람이 나가려고 하기에, 이걸로 끝인가보다 했는데 아니었어요. 카운터에 광고 전단이 한 무더기 있었죠. 그 사람이 라이터를 꺼내서 켜더니, 저한테 윙크를 하곤 라이터를 전단에다 던지는 겁니다. 그러곤 나갔어요."

조시는 카운터를 쳐다보았다. 최근에 닦았지만, 아직 불에 그을린 흔적이 남아 있었다.

"이거군요!"

알렉스 던랩은 고개를 끄덕였다.

"네. 저는 일어서려 했지만, 꽁꽁 묶여 있어서 어려웠어요. 어렸을 때 어깨를 다친 적이 있거든요. 그 이후로 어깨 관절을 뺄 수 있어요. 아프긴 하지만, 그래도 다행이었죠. 바닥에 어깨를 부딪쳐서 관절을 뺀 다음에, 결박을 풀었습니다. 카운터 전체가 불에 타기 시작해서, 허겁지겁 클럽 소다를 가져다가 카운터에 부었죠. 만약 그렇게 결박에서 빠져나오지 못했다면, 오늘 아침에 비극적인 화재 피해자로 발견되었을걸요. 아마도 총소리가 나면 사람들에게 들킬 위험이 있으니 그랬나 봅니다."

"이야, 대단한 이야기군요. 그런 일을 겪으시고 오늘도 근무하시다니 정말 놀랍습니다."

알렉스 던랩은 자랑스레 말했다.

"슐츠 사장님이 저한테 많이 의지하세요."

아담이 필요한 사진을 다 찍고 가게를 나오자 조시가 무거운 한숨을 내쉬었다.

"저 청년은 이야기를 지어내는 실력을 키우든지, 계산대에 손대는 걸 고치든지 해야겠어."

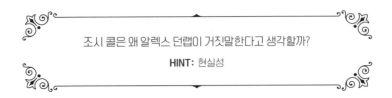

조시 콜은 왜 알렉스 던랩이 거짓말한다고 생각할까?

HINT: 현실성

알렉스 던랩은 도둑이 아홉 시에 들어왔으며, 당시에는 그 사람이 가게 안으로 들어오는 것에 대하여 처음에는 별 생각이 없었다고 했다. 하지만 가게는 알렉스의 근무가 시작되는 여섯 시에 문을 닫아 걸기 때문에, 그 시간에 누가 들어왔다면 놀라고 경계했어야 마땅했다.

조시는 경찰 지인 피트에게 알렉스가 도둑임이 거의 확실하다고 전했고, 알렉스는 경찰서 유치장에서 하룻밤을 보냈다. 다음 날 아침, 알렉스는 절도는 꾸며낸 것이고 피해보상을 하겠다며 선처를 애원했다. 그는 경고 처분을 받았지만 다행히 기소되지는 않았다.

LEVEL

2

추리 고수들을 위한
탐정 퀴즈

Level 2는 고급 난이도의 탐정 퀴즈다.

탐정 지수를 높이고 싶다면

최대한 힌트를 보지 않고 범인을 맞혀보자. 🔍

14

강풍이 불던 날의 살인사건
The Gales

젊은 여성의 시체가 크로포드 공원에서 토요일 아침 일찍 발견 되고 파나키 경감은 사십오 분 안에 현장에 도착했다. 공원에 도 착해보니 상당수의 경찰 인원이 이미 배치되어 있었고, 그는 수사 중임을 알리는 테이프로 둘러싸인 오솔길 쪽으로 안내되었다.

안면 있는 사십 대의 감식반 대원 대럴 차스테인이 눈에 들어 오기에 파나키 경감은 그쪽으로 향했다.

차스테인이 고개 숙여 인사하며 말했다.

"경감님, 오셨습니까?"

"차스테인, 알아낸 건 좀 있나?"

"피살자는 열일곱 살의 델마 테리입니다. 가방에서 나온 신분 증을 보면 브라이스 가에 사네요. 경관이 부모에게 통보하러 갔습니다. 어젯밤에 사망했고요. 바깥 기온에 노출된 터라 그 이상 정확한 추정은 힘들 것 같습니다. 등을 한 번 찔렀어요. 심하게요. 흉기는 발견되지 않았지만, 사냥용 칼일 것 같습니다. 핏자국을 보면, 길 저쪽 삼 미터쯤 떨어진 곳에서 찔렸다고 봅니다. 쓰러진 다음, 다시 일어나서 몇 발짝을 걸어온 것 같습니다. 싸움을 했거나 묶였다거나 습격을 당한 흔적은 없고, 자상뿐입니다. 지금까지는 그게 전부입니다."

"고맙네. 하던 볼일 보고, 혹시 더 알아내면 말해주게."

소녀는 캐주얼한 차림새로, 길고 묵직한 치마에 투박한 신발, 그리고 두꺼운 블라우스 위에 카디건과 숄을 걸쳤다. 날씨를 생각하면 현명한 옷차림이었다.

경감은 처음 공격이 벌어진 장소까지 오솔길을 따라 걸었다. 몸부림의 흔적은 없었다. 그저 많은 양의 피뿐이었다. 뭉개진 피 발자국과 동그란 핏방울이 그녀의 마지막 자리까지 이어졌다. 다행히 고통의 시간은 짧았을 것 같았다.

사건이 벌어진 오솔길은 나무와 수풀에서 떨어져 상당히 드러난 곳이었다. 근처에 가로등이 있었지만, 다가가 보니 케이스와 전구는 깨졌고, 몇 주 동안 비바람에 그대로 노출되어 있었음이 분명해 보였다. 경감의 상상 속에서 소녀가 어둠 속으로 걸어 들어가고 다시 나오지 않았다. 근처와 저 멀리까지 경관 몇몇이 공원 땅바닥을 수색하며 칼을 찾고 있었다.

경감이 경찰서로 돌아와 보니 소녀의 부모가 기다리고 있었다. 샘과 버니스 테리는 삼십 대 후반으로, 적당히 부유한 옷차림이었으며 오랫동안 함께한 커플이 흔히 그렇듯 서로 분위기가 닮아 있었다. 충격과 슬픔으로 가득한 창백한 피부와 눈물로 얼룩진 뺨을 제외하고 보면, 둘 다 인상 좋고 온화한 사람들이었다.

경감은 진지하게 말했다.

"따님의 일은 정말 안타깝습니다. 이렇게 와주셔서 고맙습니다. 전 파나키 경감이고, 범인을 찾아내어 체포하기 위해 전력을 다하겠습니다. 따님 델마의 어제 행적에 대해 아시는 대로 전부 말씀해주셨으면 합니다."

샘 테리는 고개를 끄덕였고 마음을 다잡는 기색이 역력했다. 아내가 그의 손을 잡았다.

"델마는 어제 점심 식사 후 사촌을 만나러 갔습니다. 유완은 제 동생의 아들이죠. 그 아이의 엄마인 알렌은 몇 년 전에 죽었고, 제 동생 빅터는 그 사건 이후로 상심에 빠졌어요. 델마가 그 후로 주 기적으로 그 집에 들러서 유완에게 누나 노릇을 해주곤 했죠. 동 생네는 공원 저편에 삽니다. 델마는 저녁 일곱 시 삼십 분쯤 돌아 오겠다고 했지만, 어제 워낙 바람이 거세서 아이가 제시간에 오 지 않아도 바람이 잦아들기를 기다리나보다 했죠. 저녁 아홉 시가 되고 바람이 여전하기에, 그냥 거기서 자고 오는구나 싶었습니다. 전에도 날씨가 안 좋으면 그렇게 했거든요. 그렇지 않은 날엔 언 제나 곧장 돌아왔습니다. 언제나요. 거의 열 시나 되어서야 바람 이 잠잠해졌습니다. 오늘 아침 경찰분이 문을 두드렸을 때, 전 아 이인 줄 알았는데……."

그는 말을 다 잇지 못하고 조용히 흐느끼기 시작했다. 아내도 마찬가지로 울면서 남편에게 안겼다.

경감은 그들에게서 몸을 돌려 창밖을 바라보며, 마음을 추스를 시간을 주었다. 그리고 서둘러 피해자의 삼촌을 찾아가 봐야겠다 고 생각했다.

드디어 테리 부부가 조금 진정되자, 경감은 다시 그들을 마주 했다. 파나키 경감이 물었다.

"테리 씨, 동생분의 주소를 알려주실 수 있을까요? 어제 무슨 일이 있었는지 정확하게 알아봐야겠습니다."

"물론이죠."

샘은 대답하자마자 수첩에 주소를 적어주었다.

"잘 부탁드립니다."

"반드시 살인자를 찾아낼 겁니다. 그리고 범인이 잡히면 바로 연락드리겠습니다."

샘은 고개를 끄덕였고, 아내와 함께 나갔다.

빅터 테리의 집은 허름했다. 외벽 페인트칠은 더럽고 군데군데 벗겨졌으며, 앞쪽 정원은 관리가 되지 않아 오래전 버려진 장난감들이 널렸고, 길과 마당을 구분하는 작은 울타리는 수리가 필요해 보였다. 그 거리의 다른 집들은 그림처럼 완벽했기에, 심하게 비교가 되었다.

파나키 경감이 현관으로 가서 노크하자 남자가 나왔다. 그는 그 집과 매우 어울려 보였다. 머리는 약간 덥수룩하게 길었고, 옷은 오래되고 낡았으며, 자세는 권태로워 보였다. 하지만 눈은 송곳처럼 날카로웠다. 마치 그의 형 샘 테리가 오 년 동안 거친 술집에서 과음을 해온 것처럼 두 사람은 서로 닮았지만 다른 모습이었다.

파나키 경감이 물었다.

"빅터 테리 씨인가요? 전 파나키 경감입니다. 잠깐 안에서 말씀 좀 나눌 수 있을까요?"

빅터의 눈이 약간 가늘어졌다.

"무슨 일이시죠?"

"문간에서 이야기하고 싶진 않은 일인데요."

남자가 한참 망설이다 말했다.

"좋아요, 그럼."

남자는 돌아서서 집 안으로 들어갔다.

파나키 경감은 문을 닫고 그 뒤를 따랐고, 좁은 나무 벽 복도에 들어섰다. 빅터 테리가 소박한 거실로 안내했다. 불이 타오르는 벽난로 위엔 흰 옷을 입은 아름다운 여성 그림이 걸려 있었으며, 다른 벽에는 커다란 검은 십자가가 걸려 있었으나, 그 외엔 묵직한 가구와 짙은 붉은색의 깔개밖에 없었다. 불편해 보이는 의자 몇 개와 테이블이 창가에 놓여 있었다.

남자는 의자를 하나 당겨 털썩 앉고는, 경감에게 다른 의자를 손짓했다.

경감도 자리에 앉는 사이, 수줍어 보이는 소년이 거실 문턱에 들어섰다가 두 사람을 보곤 얼어붙었고, 많이 놀란 듯 눈이 휘둥그레졌다. 파나키 경감은 아이에게 최대한 상냥한 미소를 지어 보였다. 소년은 그저 쳐다보기만 하였다.

빅터가 말했다.

"유완, 나가 있어."

아이는 고개를 떨궜다.

"네."

아이의 목소리는 덤덤한 웅얼거림이었다. 그러곤 몸을 돌려 나가버렸다.

빅터는 경감을 돌아보았다.

"무슨 일입니까?"

"유감스럽지만 나쁜 소식입니다. 조카 델마에 관한 일입니다."

남자는 움찔했다.

"그 애한테 무슨 일이라도……?"

파나키 경감은 고개를 끄덕였다.

"네. 유감스럽지만, 어젯밤 살해당했습니다."

빅터의 얼굴이 창백해졌다. 그는 아무 말도 하지 않았다.

"어제 델마 양이 여기에 왔었다고 하던데요. 사촌동생을 만나러요."

남자가 잠시 놀란 표정을 지었으나 곧 단호한 어조로 말했다.

"그래요, 맞습니다. 정오쯤에 와서 점심을 차려주고, 아이와 오후를 같이 보냈죠. 저녁 일곱 시쯤 집으로 갔습니다. 우리 집 아이는 그쯤에 자러 갔고요."

"그렇다면 폭풍에 지체된 건 아니군요?"

"네? 바람이요? 아니, 그땐 바람이 불지 않았죠."

"알겠습니다. 오후에 델마와 아드님이 뭘 했는지 아십니까?"

"아!"

빅터가 소리치는 바람에 경감은 약간 움찔했다. 곧이어 다급한 발소리가 다가왔고, 소년이 다시 문가에 나타났다. 아이는 마치 들어오라는 허락을 기다리는 듯이 거기에 그대로 서 있었다.

빅터가 유완을 다그쳤다.

"어제 사촌누나와 뭘 했어?"

유완이 겁에 질려 어리둥절한 표정으로 말했다.

"놀았어요."

빅터는 인상을 썼다. 그의 목소리는 아까보다 더 거칠었다.

"참나, 답답해서 못 살겠네. 어디서 놀았어? 뭐하고 놀았고?"

"공원에서요. 공놀이하고, 새하고 꽃구경하고 이야기했어요."

"누구 다른 사람하고도 이야기했어?"

"못된 형이 왔었는데, 다시 갔어요. 그것뿐이에요, 정말이에요."

빅터는 고개를 한 번 끄덕였다.

"좋아. 그리고 네가 일곱 시에 자러 갔을 때 누나는 돌아갔지?"

유완은 그를 불안스레 쳐다보곤 고개를 끄덕였다.

"네, 아빠."

빅터가 유완에게 감정이라곤 하나 실리지 않은 덤덤한 목소리로 말했다.

"다시는 그 애를 못 볼 거다. 죽었어, 네 엄마처럼. 이제 나가봐."

유완은 얼굴이 하얗게 질려 달아났다. 아이의 뺨엔 소리 없이 눈물만 흘렀다.

"죄송합니다, 경감님. 아이가 물러요. 늘 그랬죠."

파나키 경감이 무표정한 얼굴로 말했다.

"아이가 방금 말하길, 못된 형을 만났다고 했는데요."

"두기 노먼이라는 동네 불량아예요. 공원 가는 길 옆 골목에 삽니다. 전에도 조카를 괴롭힌 적이 있죠."

"고맙습니다. 가서 직접 이야기해봐야겠군요. 시간 내주셔서 고맙습니다."

경감이 일어나며 인사하자 빅터가 고개를 끄덕이며 말했다.

"알아서 나가실 수 있으시죠?"

파나키 경감은 그 집을 나와 두기 노먼의 집으로 향했다. 빅터 테리의 집과 아주 비슷한 디자인이었지만, 못까지 꼼꼼하게 페인트칠한 잘 관리된 집이었다. 경감은 문을 두드렸다.

그러자 부루퉁한 얼굴의 여자가 문을 열었고, 경감을 보자마자 인상을 찌푸렸다.

"우리 애가 이번엔 무슨 짓을 저질렀나요?"

"노먼 부인이십니까?"

"네, 차라리 아니었으면 좋겠네요. 댁도 경찰이 아니었으면 좋겠고요. 두기는 지금 집에 없어요."

"알겠습니다. 종종 이런 일로 찾아오는 사람이 많이 있는가 보군요."

"넘치고도 남죠. 걔는 아홉 시쯤 올 거예요. 어디 가서 뭘 하는지 난 몰라요. 알고 싶지도 않고요. 남편하고 저는 그 애를 어떻게 해보겠다는 생각조차도 이젠 포기했어요. 하지만 여기를 자기 집이라고 하고 싶다면 밤 아홉 시까지는 집에 들어오고, 아침 일곱 시까지는 집에 있어야 한다는 걸 그 애도 알죠. 우리 두기가 문제가 많긴 해도, 엄마 말을 거스르면 안 된다는 건 알아요."

그녀는 팔짱을 끼고 경감을 노려보며 말했다.

"뭐, 그걸 모르는 사람들도 많죠."

"부인, 그럼 두기는 어젯밤에 집에 있었습니까?"

"귀 먹었어요? 네, 어젯밤에 집에 있었어요. 아홉 시 일 분 전에야 바람에 온통 머리며 옷이 엉망이 되어서는 들어왔죠. 난 열 시 반에 자러 갔지만, 남편하고 아들은 자정이 넘도록 개에 대하여 이야기하고 있었어요."

"고맙습니다, 노먼 부인. 혹시 아드님하고 이야기할 일이 생기면 꼭 밤 아홉 시 이후에 찾아뵙도록 하겠습니다."

그녀는 경감을 위아래로 훑어보았다.

"그렇게 하세요. 안녕히 가세요, 경감님."

파나키 경감은 길로 돌아 나와 주먹을 꽉 움켜쥐고, 만족스러운 미소를 지었다.

"잡았다!"

델마 테리는 어떻게 살해되었을까?

HINT

A) 날씨 상태는 사건과 관련 있는 것으로 밝혀졌다.

B) 무작위적인 살인이 아니라, 델마는 사적인 이유로 살해되었다.

C) 공원 화단에 묻혀 있던 살인 흉기를 경찰이 결국 찾아내었다.

D) 유완 테리는 그럭저럭 존중받는 화가가 될 것이다.

E) 빅터 테리의 아내 알렌 테리의 죽음은 자살로 여겨졌다.

F) 샘과 빅터는 알코올 중독자 부모 밑에서 자랐다. 둘은 사이가 좋지 않았다.

델마가 칼에 찔린 후에 일어나 몇 발짝 비틀거리며 걸어 갔을 때, 오솔길에 떨어진 핏방울은 둥글었다. 이는 바람이 잠잠했다는 뜻이며, 따라서 사망 시간을 강풍이 잦아들고 난 이후인 열 시 이후로 추정할 수 있다. 또한 시신 상태를 통해 몸싸움을 하거나 묶이진 않았음을 알 수 있다. 그러므로 그녀가 삼촌의 집을 나선 것은 빅터가 주장한 일곱 시가 아니라 강풍이 잦아들고 난 이후였음이 분명하다.

결국 칼의 소유자는 빅터로 추적되었고, 그것으로 유죄 판결을 받았다. 그는 아들을 '강하게' 키우는 데 집착하고 있었다. 유완은 천성적으로 온순하고 예술성이 있었으나, 빅터는 아내가 아들을 '망치고' 있다고 탓했다. 자녀의 양육에 대한 의견이 안 맞자, 그는 아내를 죽이고는 자살로 보이게 하는 데 성공했다.

하지만 이후 델마가 찾아와 유완을 보살폈고, 아이는 여전히 빅터의 기준에 맞게 '강해지지' 않았다. 마침내, 빅터는 델마가 날씨 때문에 지체된 틈을 타서 자신이 생각하는 유완의 문제에 대해 말했다. 그녀는 유완의 성격엔 아무런 문제가 없다고 빅터 삼촌을 설득했으나, 그 때문에 오히려 빅터는 델마 역시 죽여야겠다고 마음먹게 되었다. 빅터는 그녀에게 폭풍이 그친 후 집까지 바래다주겠다고 제안했고, 가는 길에 죽였다.

15

라지푸르의 별 도난 사건
The Star of Rajpur

메리 밀러는 에멀린 피터슨을 여학교에서 처음 만났다. 비슷한 성장 배경에 둘 다 건조한 유머의 소유자라서 금방 친구가 되었다. 두 여성은 어른이 되면서 인생 방향이 서로 달라지긴 했지만, 여전히 가깝게 지냈다.

그래서 에멀린이 남편 베넷에게서 전설적인 역사를 지닌 크고 짙은 파란색 사파이어 '라지푸르의 별'을 선물 받았을 때, 메리 밀러는 제일 먼저 전해 들었다. 그리고 에멀린이 라지푸르의 별을 도둑맞았을 때도 가장 먼저 그 소식을 들었다. 물론 경찰과 보험 회사 다음이긴 했지만.

그날 오후 두 여성은 에멀린의 집에서 만나 응접실에서 차를 마셨다. 메리 밀러는 친구가 절도 사건에 낙담하기보다는 분개하고 있는 모습을 보고 조금은 안심했다.

에멀린이 여전히 분해하며 말했다.

"타이밍이 아주 수상해. 리멜 고급 보석상에서 점심때에 완성된 목걸이를 보내와서 받았어. 근데 어젯밤 열 시쯤 되었을 땐 목걸이 세팅 틀이 뒤틀린 채 남아 있지 뭐야. 불쌍한 헨리 리멜 씨는 절망하고 있지. 라지푸르의 별을 멋지게 세팅했다고 정말 기뻐했었거든."

"세팅 틀이 금인데, 그건 안 가져갔어?"

"그러게 말이야. 도대체 영문을 모르겠어. 헨리 리멜 씨에게 라지푸르의 별을 모조 보석 세 겹으로 둘러서 점차로 옅은 푸른색으로 이어지게끔 주문했거든. 라지푸르의 별을 돋보이게 하고 싶어서. 근데 그것까지 전부 세팅에서 뜯어냈더라고. 모조 보석들도 예쁘기야 하지만 값어치는 하나도 없거든. 도둑이 그걸 다 빼내려면 몇 분은 더 걸렸을 거야. 왜 굳이 그렇게 했는지 모르겠어."

그녀는 테이블에 놓인 옻칠 상자를 가리켰다.

"세팅 틀은 이 안에 들었어. 경찰이 보고 사진을 찍어 갔어. 어차피 보험회사 사람들도 보자고 할 테니까, 너도 보고 싶으면 봐."

"어디 한 번 볼까."

메리 밀러가 손을 뻗어 상자를 열었다. 목걸이 세

팅 틀은 금세공을 정밀하게 하트 모양으로 엮었고, 꽃 모양 모티프가 반복되는 아름다운 작품이었다. 엄청난 무게는 아니겠지만, 그래도 녹이면 웬만한 집 한 달 월세는 나올 정도는 되어 보였다. 절대 우습게 볼 가치가 아니었다. 메리 밀러가 상자를 닫으며 말했다.

"이상하네."

그러자 에멀린이 한숨지었다.

"그렇지. 정말 미치고 팔짝 뛸 일은 절대 외부 침입자가 아니라는 점이야. 어제 왔던 사람은 리멜 씨뿐이고, 이 계절에 진입로에 숨을 데가 많은 것도 아니잖아. 기회를 잘 잡은 도둑이 과수원이나 장미 정원으로 몰래 숨어드는 게 아주 불가능하지야 않겠지만, 어떻게 알고 왔겠어? 아무래도 일하는 사람들 중 한 명인 것 같아. 우리 집에 있는 사람이 나를 배반하다니…… 그렇게 생각하면 정말 끔찍해. 허, 피가 막 끓어오르네!"

"어쩌면 한 명 이상일 수도 있지."

"메리! 어떻게 그런 말을 해?"

"아, 미안해. 혼잣말이 나와버렸네."

"역시 추리 쪽으로 머리가 정말 잘 돌아가는구나!"

메리 밀러가 환하게 미소 지으며 말했다.

"고마워."

에멀린 피터슨이 조금은 걱정스러운 표정을 지으며 말했다.

"그럼, 모든 사람들을 조사해보고 싶다는 뜻이겠네."

"가능하다면."

문에서 노크 소리가 나고, 집사 콜린스가 들어왔다. 그는 근무 중일 때는 타고난 유머감각을 억누르려 무척 애쓰는 직업인답게 늘 그렇듯 흠잡을 데 없이 차려입었고, 엄숙함이 묻어났다.

"마님, 경찰이 왔습니다."

"알겠어요, 콜린스."

잠시 후, 젊고 불안해하는 인상의 경찰관이 방에 들어섰다.

"보석 대부분을 찾아냈습니다, 피터슨 부인."

그녀는 한쪽 눈썹을 찡그려 올렸다.

"아, 그래요?"

"대문 밖 관목 수풀 안에 숨겨져 있었습니다. 파란색의 여러 가지 보석 마흔여덟 개요. 물론 증거품으로 가져가게 될 겁니다."

"라지푸르의 별은 거기에 없는 거겠죠?"

경관은 침울하게 고개를 끄덕였다.

"크고 매끈한 거죠? 네, 죄송스러운 말씀이지만 없었습니다."

"카보숑(위를 둥글게 다듬은 보석)이요."

경관은 그녀의 말을 잘 못 알아듣고는 멍하니 쳐다보았다.

메리 밀러가 불편한 정적을 깨고 말했다.

"경관님, 보석이 얼마나 오랫동안 거기에 있었는지 혹시 알 수 있을까요?"

"아마 밤새도록 있었을 것 같습니다. 위에 낙엽이며 이것저것 이 쌓여 있었죠. 오늘 같은 날에 하루 사이에 쌓일 수 있는 양보단 많았어요."

그러자 에멀린이 말했다.

"알려줘서 고마워요, 경관님. 바쁘실 텐데 가서 일 보셔야죠."

"안녕히 계십시오."

집사 콜린스가 경관을 안내해서 데려나갔다가 일 분도 안 되어
돌아왔다.

"더 시키실 일이 있으신가요, 마님."

"그래요, 메리 밀러에게 어제 일에 대해 몇 가지 답해줄 수 있
을까요?"

집사는 표정 하나 변하지 않고 대답했다.

"물론입니다, 마님."

메리 밀러는 의례상 집사에게 미소를 지었다.

"라지푸르의 별이 도착하고 없어진 걸 알기까지 어제 있었던
일을 들려주실 수 있을까요?"

"네. 리멜 고급 보석상의 헨리 리멜 씨께서 어제 오후 한 시 직
전에 도착하셨고, 약 십 분 후에 떠나셨습니다. 그 후, 저는 베넷
씨와 부인께 샴페인 칵테일을 가져다드리고 먼저 가족분들, 다음
엔 직원들의 점심 식사를 살폈습니다. 어제는 하녀 에피 웹스터
가 부모님을 만나러 외출해서 제가 점심을 먹은 후 베넷 씨의 셔
츠에 풀을 먹이고 다림질을 했습니다. 개들 중에 브루투스가 진료
받을 일이 좀 있어서 대략 오후 세 시 이십오 분쯤에 제가 데리고
동물병원에 갔다가, 오후 여섯 시 조금 안 되어 돌아왔습니다. 브

루투스의 발톱을 제대로 해결했다고 말씀드릴 수 있어 다행입니다. 지난 한 달은 저녁엔 대부분 새로 온 주방 보조 에이시에게 요리 외의 일을 가르쳐왔습니다. 어제는 상급 냅킨 접기를 하고 있었지요. 가족분들의 저녁 식사는 일곱 시에, 직원들은 여덟 시에 합니다. 그 후에는 치우고, 요리사 브룩셔 부인을 버스정류장에 바래다 준 다음, 아홉 시 이십 분 좀 안 되어 돌아와서 정문을 잠갔습니다. 그런 다음 베넷 씨의 서류 정리를 도와드리고, 창문이 닫혀 있는지 집 안을 돌아보던 중에 부인께서 보석을 도둑맞았다고 외치셨고, 그게 열 시 오 분경입니다.”

메리 밀러는 집사를 응시했다.

“그거 아주 정확하군요, 콜린스.”

“고맙습니다. 노력하고 있지요.”

에멀린이 말했다.

“다음으로 요리사 브룩셔 부인에게 와달라고 해줘요, 콜린스.”

“네, 마님.”

집사가 대답한 후에 살짝 고개 숙여 인사하고 물러갔다. 그러자 메리 밀러가 말을 꺼냈다.

“집사가…….”

에멀린이 그녀의 말이 끝나기도 전에 대답했다.

“대단하지. 만약에 혹시라도 콜린스가 우리를 등진다면, 하루도 못 되어 남편이 저 사람 밑에서 일해야 될걸. 남편이 사실 저 사람에게 회사 일자리를 제안했었어. 콜린스는 자기는 돈을 돌보는 것보다 사람을 돌보는 쪽이 훨씬 좋다고 거절했고."

"좋은 사람이네."

"그러길 바라."

잠시 후, 요리사가 들어왔다. 힐데가르드 브룩셔는 키가 크고 튼튼했으며, 허튼소리는 절대 용납하지 않는 단호한 분위기를 풍겼다.

"하녀하고 전 어제 부엌에 있었죠. 달리 어디 있었겠어요? 늘 그렇듯이 요리하고, 그다음엔 치우고요. 어제 점심은 셰퍼드 파이였고 그거야 쉽지만, 빵 준비가 늘 시간이 걸리고, 스펀지 케이크도 준비해야 했고, 그다음 오후에는 버섯 수프를 끓이고, 잼을 만들고, 양고기 엉 크루트에 쓸 페이스트를 만들었죠. 저녁 식사 한 시간 전에 콜린스 씨가 보조를 데리고 가서, 전 채소를 다 썰었는지 확인했고, 그다음 하녀가 음식 내갈 시간에 맞춰 돌아왔죠. 우리도 식사를 한 다음 콜린스 씨가 버스정류장까지 바래다줬고요. 전부 다 평소대로였어요."

주방 보조 에이시 저스틴은 언제라도 꾸벅 절할 것처럼 보이는 안절부절못하는 젊은 여자였다. 그녀는 메리 밀러의 질문에 동요하는 기색이 역력했다.

"무슨 말씀을 드려야 할지 모르겠어요. 평소와 같은 오후였어요. 브룩셔 부인을 도와 페이스트를 만들고, 도자기 접시와 냄비를 설거지하고, 수저의 광을 내고, 테이블을 세팅하고, 바닥을 쓸고, 벽난로를 살피고 뭐 그런 거요. 콜린스 씨에게 냅킨 접기를 배올 때를 제외하면 내내 브룩셔 부인과 있었어요. 브룩셔 부인은 저녁 식사 후 퇴근하고, 전 설거지를 마치고 바닥과 조리대 청소를 했고요. 제 방은 어제 부모님 댁에 간 에피의 옆방인데요, 혹시 차나 뭘 내달라고 하시는 분이 계실 경우를 대비해 모두 주무시러 갈 때까지는 부엌에 남아 있었어요."

마지막 면담자는 정원 관리인 시드니 커쇼와 그 조수인 브레이디 아이비라는 십대 소년이었다. 콜린스는 신발을 신지 않은 그들을 데려온 다음 나갔다. 커쇼 씨는 키 작은 중노년 남자로, 참나무로 깎은 듯한 매끈한 얼굴에 꽤 거창한 콧수염을 길렀다. 조수는 키가 크고 덩치가 좋았으며, 위압당할 정도였고, 메리 밀러가 판단하기엔 그렇게 똑똑해 보이진 않았다.

"어제 점심엔 장미 정원 울타리를 다듬고 있었습니다. 여기 브

레이디는 진입로의 낙엽과 나뭇가지를 치우고 있었고요."

옆에 있던 브레이디가 미간을 찌푸리며 말했다.

"맞아요. 그 남자가 오는 걸 봤어요. 근데 좋은 사람인 줄 알았는데 아니었어요. 못됐어요."

그러자 정원 관리인 시드니 커쇼가 말했다.

"브레이디! 그런 말 하는 거 아니다."

그는 에멀린을 돌아보며 얼른 사과했다.

"죄송합니다, 마님."

"괜찮아요. 리멜 씨가 좀 무뚝뚝했겠지."

커쇼는 조수를 잠시 노려보곤 다시 말을 이었다.

"점심 식사 후에 저는 몇 시간 동안 잔디를 깎았습니다. 브레이디는 종묘상에 제가 기다리던 씨앗을 가지러 갔고요."

브레이디는 주머니에 손을 넣어 자랑스레 쪽지를 꺼내 보였다.

"커쇼 씨가 가서 보여주라고 주셨어요."

관리인은 한숨을 쉬고, 고개를 끄덕였다.

"쪽지에 써주지 않으면 제 머리도 두고 다닐 아이라서요. 아무튼 여섯 시쯤 잔디 깎기를 끝냈습니다. 브레이디는 그때쯤 돌아왔고, 둘이서 깎은 풀을 갈퀴로 치웠죠."

브레이디가 말했다.

"그리고 저는 장작을 가지러 갔어요. 늘 하듯이요."

커쇼가 보충 설명을 했다.

"장작 통은 대문 근처에 있습니다. 이 아이가 아침저녁으로 장작을 나르죠."

메리 밀러가 두 사람의 이야기를 듣고는 다시 물었다.

"그럼 둘 다 종일 마당에 있었군요. 혹시 누가 들어오거나 나가는 걸 봤나요?"

커쇼가 대답했다.

"콜린스 씨가 개를 데리고 가는 것만 봤어요. 두 시간 좀 넘게 나가 있었죠."

브레이디가 말했다.

"그리고 못된 남자요."

"애야, 그렇게 말하지 말아라."

커쇼의 말에 브레이디는 침울하게 고개를 끄덕였다.

"죄송합니다, 마님. 커쇼 씨, 다시는 안 그럴게요."

관리인이 말했다.

"저희는 아홉 시 반에 자러 갔습니다. 저녁 식사 후에 잠깐 쉴 짬이 있었고요. 말씀드릴 건 그게 다입니다."

메리 밀러는 고개를 끄덕였다.

콜린스가 차 주전자를 새로 가져다주고 나가서 둘만 남게 되자, 메리 밀러는 친구를 돌아보며 말했다.

"너하고 남편은 어때? 혹시 이상한 행적이나 뭔가 본 거라도 있어?"

"아니, 아무것도. 베넷은 오후에 사격하러 과수원으로 나갔었어. 나는 거실에서 좀 지루한 책을 읽고 있었고. 커쇼 씨가 잔디

깎기 기계를 밀며 이리저리 잔디밭을 다니는 게 보였지. 아무래도 좀 졸았나 봐. 해가 저물어서 베넷이 여섯 시 조금 지나 개들을 데리고 돌아왔어. 나는 그 소리에 깼고. 우리는 잠깐 이야기하다가 저녁을 먹고, 거실에서 한 잔 마셨어. 나는 잠깐 책을 더 읽다가, 자기 전에 리멜의 작품을 한 번 더 봐야겠다 했었지."

"라지푸르의 별은 어디에 뒀고?"

"종일 여기에 있었어. 당장 금고에 넣고 잠가야겠단 생각은 하지도 못했지 뭐야."

메리 밀러가 말했다.

"아! 보석이 어디에 있는지 알 것 같아."

라지푸르의 별은 어디로 사라졌을까?

HINT

A) 하녀인 에피 웹스터는 시내 저편 부모님 집에 온종일 있었다.

B) 집사 콜린스는 금융업을 약간 못마땅해한다.

C) 보석상 헨리 리멜 씨는 정원 관리 조수 브레이디 아이비에게

놀랄 만큼 불쾌하게 굴었고, 소년을 멍청이로 여긴다.

D) 요리사 브룩셔 부인은 남은 음식을 집에 가져간다. 에멀린 피터슨은 그 사실을 알고 있으며

신경 쓰지 않는다.

E) 주방 보조 에이시 저스틴은 상당한 야심이 있으며, 겉보기보다 강단이 있다.

F) 정원 관리인 커쇼 씨는 피터슨 부부를 그다지 좋아하지 않지만,

그 집 정원을 진심으로 사랑한다.

G) 브레이디 아이비는 사파이어를 봐도 그게 뭔지 모른다.

H) 사격은 베넷 피터슨이 제일 열성적으로 하는 취미다.

I) 에멀린 피터슨은 유행하는 책을 실제로 읽기보다는 누가 읽어주는 쪽을 훨씬 좋아한다.

J) 메리 밀러에게 거짓말한 사람은 없다.

K) 보석을 전부 가져가는 건 위험천만하고 비효율적이다.

굳이 절도를 약간 멍청한 제삼자에게 맡기는 위험을 무릅쓴 이유는 무엇일까? 아마도 본인에게 그럴 기회가 없기 때문일 것이다.

헨리 리멜은 보석 배달에 대해 알고 있는 유일한 외부인이다. 그는 라지푸르의 별이 몹시도 갖고 싶었으나, 차마 가짜 보석으로 바꿔칠 엄두는 내지 못했던 거다. 에멀린이 목걸이 제작을 맡긴 의도 자체가 가짜로 진짜를 둘러싸서 돋보이게 하려는 것이니만큼, 그럴싸한 가짜 보석을 만들어내기는 지극히 어려웠을 것이다.

그래서 리멜은 완성된 목걸이를 배달하고 나오는 길에 브레이디를 이용하기로 마음먹었다. 그는 소년을 재미있는 장난이라고 살살 꼬드겨 라지푸르의 별을 꺼내 와서, 장작을 가지러 나올 때 정문에서 자신에게 전달해달라고 설득했다. 브레이디는 혹시나 싶어서 모든 보석을 가져왔고, 리멜은 필요 없는 가짜는 그 자리에서 그냥 버렸다. 그런 다음 태도를 싹 바꾸어 브레이디에게 너는 이제 중범죄자라고 겁주며, 아주 엄청난 사고를 쳤으니 유일한 희망은 비밀을 지키는 것뿐이라고 윽박지르면서, 만약에 자신의 이름을 이야기하면 가족을 해치겠다고 협박했다.

다행히 보석은 전부 가져갔는데도 금은 남겨둔 것 때문에

직원들 모두에게 하루 중에 혼자만의 시간이 있었으니, 왜 진짜와 가짜를 가리지 않고 보석을 전부 세팅에서 떼어 냈으나, 값진 금 세팅은 두고 갔을지 생각해보는 쪽이 좀 더 답을 찾는 데 유용하다.

사실 도둑으로선 일부러 시간을 들여 그렇게 하는 게 훨씬 위험이 커진다. 그렇다면 결국엔 도둑이 자기가 무엇을 훔치는지 몰랐다는 뜻이 된다.

사파이어가 뭔지 들어본 적도 없는 브레이디 아이비는 파란 보석이 값지다는 건 기억할 수 있었지만, 완성된 목걸이를 보자 어리둥절하고 어쩔 바를 몰라, 보석을 전부 가져가야겠다고 마음먹었다.

하지만 그가 혼자서 계획을 세우지는 않았을 것이다. 만약 브레이디 아이비가 라지푸르의 별을 훔치기로 혼자 계획했다면, 그냥 목걸이를 통째로 가져가지 보석을 떼어내지는 않았을 것이다. 어른이라면 누구나 금이 귀한 줄 알기 때문이다. 이것은 계획을 세운 누군가 다른 사람이 있다는 뜻이 된다.

앞서 확인했듯이 모든 직원에게는 기회가 있었다. 심지어 에이시조차 브룩셔 부인이 퇴근한 다음 혼자 있는 시간이 있었다. 그렇다면 범인이 조용할 때 직접 훔치지 않고 메리 밀러는 브레이디 말고도 제삼자가 사건에 개입되었음을 눈치 챌 수 있었다. 헨리 리멜은 보석을 개인 수집가에게 넘기려다가 현장에서 미리 기다리고 있던 경찰에게 붙잡혔다.

브레이디는 기소되지도 않았고 해고되지도 않았지만, 콜린스 집사에게서 낯선 사람을 상대하는 방법과 뻔한 함정을 피하는 것에 대해 연이어 가르침을 받았다.

16

조류 관찰 회원 파티!
The Birdwatcher

메리 밀러는 몇 가지 기대를 갖고 마이크 래스본의 파티에 참석했다. 마이크는 조류 관찰 모임의 열성적인 회원이었지만, 그 방면을 제외하면 메리 밀러는 그에 대해 거의 아는 것이 없었다.

도착해 보니 마이크와 그의 아내 로레인이 사는 곳은 조용한 지역의 아주 쾌적한 방 네 개짜리 집이었다. 정원은 널찍했으며, 여기저기 나무들마다 새 모이통이 최소한 여섯 개가 걸려 있었다. 다른 회원들도 몇 명 참석했으며, 메리 밀러가 몇 달 동안 못 보았던 유쾌한 여성 회원 앨리슨 하우스홀더도 있었다.

앨리슨과 메리 밀러가 응접실에서 수다를 떨고 있을 때 위층에서 끔찍한 비명이 들려와 모두 놀라 침묵했다. 여자 목소리가 도와달라고 외쳤고, 다음 순간 사람들은 응접실을 나가 위층으로 달

려 올라갔다.

화장실 바깥 계단참에서 레베카 후드가 바닥에 무릎을 꿇고 앉아, 뒤통수에 피를 흘리며 기절해 있는 남편 데이비드 후드를 붙들고 울고 있었다. 모두 경악하여 모여들었다. 데이비드의 호흡은 거칠었으며, 옷매무새는 흐트러지지 않았지만 그래도 당장 의학적 조치가 필요해 보였다.

메리 밀러가 날카롭게 말했다.

"레베카! 당장 병원으로 옮겨야 해요."

여자는 화들짝 놀라 몸을 바로 세웠다. 그 움직임 때문에 그녀 뒤의 테이블이 흔들리더니, 꽃병이 바닥에 떨어져 불길한 쨍그랑 소리를 냈다.

레베카 후드는 놀라서 눈을 깜박였다.

"네, 맞아요. 얼른 병원으로!"

모인 사람들 중에 가장 튼튼해 보이는 남자 둘은 마이크와 월리스 맥기였다. 맥기의 아내 거티가 회원이었다. 메리 밀러는 그 두 남자를 지목했다.

"여러분, 이분을 아래층으로 데려가 차에 태우고 얼른 병원으로 가요. 필요하다면 내 차를 쓰시고요."

레베카가 정신을 차리고 즉시 나섰다. 그녀는 근심스레 사람들을 둘러보았다.

"아니요, 제가 갈게요. 저희 차 있어요. 잠시라도 남편 곁을 떠날 수 없어요."

그러자 마이크가 말했다.

"그래요. 월리스, 우리 데이비드를 데리고 나갑시다."

메리 밀러가 말했다.

"살살, 최대한 살살요."

남자들은 조심히 데이비드를 들어서 천천히 아래층으로 내려갔다. 레베카가 바로 그 뒤를 따랐고, 나머지 사람들도 뒤쫓았다. 메리 밀러는 열심히 귀를 기울였지만, 들리는 것은 계단에 있는 사람들의 소리, 레베카의 훌쩍거림, 누군가의 재채기 소리, 딸깍 문 닫히는 소리, 그리고 데이비드의 거친 숨소리뿐이었다.

몇 분 후, 레베카는 데이비드와 함께 떠났고 사람들은 응접실에 다시 모였다. 메리 밀러는 재빨리 머릿수를 세었다. 모두 자리에 있었다. 집주인인 마이크와 로레인 래스본, 마틴과 제티 모지

스, 윌리스와 거티 맥기, 앨리슨 하우스홀더, 그리고 틸먼 사임스
였다.

마이크가 말했다.

"위층을 확인해봐야겠습니다. 누가 숨어 있지는 않은지."

메리 밀러가 얼른 말했다.

"누구든 다른 사람을 데리고 가요."

윌리스가 나섰다.

"제가 같이 가겠습니다."

마틴 모지스가 고개를 끄덕이며 말했다.

"틸먼과 저는 여기 아래층을 둘러보죠."

두 팀은 각각 집 안에 침입자가 있는지 확인하러 나섰다.

메리 밀러가 말했다.

"자, 여자분들 중에 데이비드 후드와 잘 아시는 분이 있으신가
요?"

제티 모지스가 말했다.

"잡담 나눌 만큼은 알아요."

앨리슨도 말했다.

"저도요."

거티 맥기와 로레인 래스본은 고개를 저었다.

그러자 메리 밀러가 물었다.

"그럼, 두 분 중에 혹시 데이비드와 최근에 이야기하신 분이 있
으신가요?"

그러자 앨리슨이 물었다.

"메리, 왜 그런 걸 묻는 거죠?"

"안타깝게도 누군가 그의 머리를 때렸어요. 우리가 이야기하는 사이에 도둑이 우연히 숨어든 거라면, 왜 데이비드의 주머니를 뒤져 시계와 지갑을 챙기지 않았을까요? 레베카가 비명을 지를 때까지 다들 알아채지 못했잖아요. 난 사건이 일어나기 전에 데이비드를 최소한 오 분은 못 본 것 같아요. 파티 중인 집에 침입할 만큼 간이 큰 도둑이라면 기절한 사람의 주머니도 충분히 뒤질 수 있겠죠. 그렇다면 결국 오늘 일은 개인적인 원한 관계 때문이 아닐까요?"

로레인은 헉 소리를 내며 눈이 휘둥그레졌다. 앨리슨은 얼굴이 창백해졌다.

제티가 천천히 말했다.

"저는 며칠 전에 데이비드를 봤어요. 오래된 사슴 공원에서 우연히 마주쳤죠. 좋아 보였어요. 아주 명랑했고요. 지역 부동산 업체에서 일하는데, 요즘 사업이 꾸준히 잘된다고 했어요. 그리고 데이비드가 주초에 매물로 올린 시의 서쪽 작은 강가에 있는 오래된 농장에 대해서 이야기했어요. 거기서 물총새를 봤다고, 일을 핑계 삼아 일요일에 다시 가서 둘러볼 참이라고 그랬어요. 딱히 걱정하는 일이 있어 보이진 않았어요. 그는 내 남편 마틴의 안부를 물었고, 저는 그의 아내 레베카의 안부를 물었고요. 그게 다였어요."

앨리슨이 말했다.

"그럼 저보다 최근이네요. 전 두 주쯤 전에 경매장에서 마주쳤어요. 인사 정도만 했죠. 혹시 남몰래 고민이 있었는지 몰라도, 겉으로 티는 나지 않았어요. 어차피 데이비드에게 어두운 비밀이 있었다 해도 그걸 캐내는 데 관심이 있는 건 아니었지만요."

거티 맥기가 어깨를 으쓱했다.

"오늘 저녁 좀 전에 데이비드와 잠깐 이야기했어요. 일상적인 잡담이죠. 정체 모를 괴한이 갑자기 튀어나와 자기를 공격할까 봐 걱정하는 사람처럼은 보이지 않던데요."

로레인이 몸서리치며 말했다.

"정말 끔찍한 일이네요. 상상이 안 가요. 불한당이 우리 집에 침입해서 데이비드를 습격하다니! 다시 돌아오면 어쩌죠?"

메리 밀러는 다독이는 목소리로 말했다.

"그럴 일은 없을 것 같아요. 도둑이 같은 집에 두 번 드는 일은 흔하지 않아요. 그리고 데이비드를 노리는 거라면, 여기로 다시 돌아올 이유는 없겠고, 그렇죠?"

"그렇겠네요."

마이크와 윌리스가 약간 먼지가 묻은 채 응접실로 돌아왔다.

마이크가 말했다.

"별다른 이상은 없습니다. 벽장 안, 침대 밑, 사람이 들어갈 만한 곳은 전부 들여다봤어요. 아무것도 없습니다."

마틴이 틸먼과 함께 돌아와 말했다.

"여기도 마찬가지예요. 아래층에는 침입자라곤 없어요. 이미 도망간 게 분명합니다."

마이크가 동의했다.

"그래요. 작은 침실의 창문이 활짝 열려 있었습니다. 닫아뒀던 창문이니, 거기로 나간 거겠죠. 그 방의 벽난로 부지깽이가 바닥에 놓여 있는 걸 보니, 제 짐작으로는 그걸로 마틴을 공격한 모양입니다."

메리 밀러가 물었다.

"위층에서 뭔가 없어진 게 있나요, 마이크? 그리고 침입한 경로는요?"

"뭐, 없어진 건 없는 듯합니다. 로레인의 보석과 이런저런 귀중품들을 물론 살펴봤고요. 불행히도 아버지의 러시아 꽃병이 깨지긴 했지만, 다른 건 모두 제자리에 있습니다."

마틴이 말했다.

"아마 침입자가 데이비드를 습격할 때 꽃병을 건드렸겠죠. 당연히 틸먼과 저는 집 안 물건들을 모르긴 합니다만, 부엌 창문 걸

쇠가 풀려 있더군요. 열려 있진 않았지만, 놈이 그리로 들어와서 닫아 놓고 우리가 다들 응접실에 있는 사이에 집 안을 뒤지러 위층으로 올라갔다고 상상하기는 어렵지 않지요. 데이비드가 화장실을 쓰러 올라갔다가 그자와 맞닥뜨리는 바람에, 놀라서 데이비드를 치고 작은 침실 창문으로 도망갔을 겁니다."

마이크가 호응했다.

"확실히 그럴 법합니다. 그자가 뭘 어쩌기 전에 데이비드가 발견한 모양이에요. 우리야 운이 좋았지만, 진심으로 데이비드가 무사하길 바랍니다."

제티가 걱정스러운 듯 물었다.

"마이크, 데이비드가 괜찮을까요?"

"그래야죠. 그럴 겁니다."

메리 밀러가 끼어들었다.

"아니요, 단정하기 어려워요. 머리를 맞아 기절하면 정말 위험하거든요. 누구나 무사히 살아남는 건 아니죠."

로레인은 정말 놀라는 얼굴이었다.

"메리!"

"로레인, 정말 유감이에요. 하지만 그게 사실인걸요."

틸먼 사임스가 고개를 끄덕였다. 그의 얼굴도 상당히 창백해져 있었다.

"어릴 때 사촌이 나무에 머리부터 들이받고 기절했지요. 뭘 하려다 그랬는지는 기억이 안 나지만, 당시에는 굉장히 재밌게 여겨

겼습니다. 하지만 사촌이 깨어나지 않아서 어른들을 불러왔습니다. 결국 다시 의식을 찾지 못했어요. 삼 주 후에 장례를 치렀죠."

메리 밀러가 말했다.

"고인의 명복을 빕니다. 정말 힘들었겠어요."

틸먼은 다시 고개를 끄덕였지만, 아무 말도 하지 않았다. 모두가 숙연해졌다.

메리 밀러가 말했다.

"모두 경찰 조사에 준비해야 해요. 살인사건이 되지 않았으면 좋겠지만, 다들 저녁에 무슨 일이 있었는지 떠올려보고, 논의를 더 진행하기 전에 머릿속에서 정리해보기로 해요. 경찰이 오게 되면, 세부사항을 정확히 기억했다 말해주면 고마워하겠죠."

그녀는 사람들에게 눈길을 돌렸다. 틸먼 사임스와 마이크 래스본은 침울해 보였다. 마틴과 제티 모지스, 로레인 래스본, 앨리슨은 다 안색이 창백했다. 윌리스와 거티 맥기는 걱정스러운 시선을 주고받았다.

메리 밀러가 말했다.

"로레인, 내가 도울 테니 음료를 돌리면 어떨까요? 모두 마음을 좀 가라앉히게요."

로레인은 말없이 고개를 끄덕였다. 메리 밀러는 그녀의 어깨를 감싸 안고 부엌으로 이끌었다. 응접실을 나오자 메리 밀러는 작은 목소리로 말했다.

"로레인, 마음을 단단히 먹어야 해요. 난 경찰을 부르러 갈게요.

사람들에겐 내가 화장을 고친다거나 뭐 그렇게 이야기해두고, 절대 아무도 집에 가지 못하게 해요. 살인 미수일지 살인일지는 아직 모르지만, 범인은 응접실에 있어요. 절대 아무 말도 하지 말아요. 그럼 안전할 거예요."

메리 밀러가 의심하는 범인은 누구이며, 이유는 무엇인가?

HINT

A) 마이크 래스본은 자기 집에서 열린 파티에서 누군가 다쳤다는 사실에 몹시 당황했으며, 지극히 개인적인 모욕으로 느끼고 있다.

B) 로레인 래스본은 이 파티 전에 데이비드 후드를 만난 적이 없었다.

C) 데이비드 후드는 아내 레베카 후드가 시골을 지루하고 답답하다고 여겨서 도시에 남아 있을 뿐이다.

D) 레베카 후드는 남편의 대자연에 대한 동경을 싫어한다.

E) 마틴 모지스는 어느 날 아무 설명 없이 그를 떠난 첫사랑 아델을 완전히 잊지 못했다.

F) 제티 모지스는 늘 외향적이고 쾌활했지만, 점차 그러는 게 힘들어져가고 있다.

G) 윌리스 맥기는 데이비드와의 부동산 거래에서 상당한 금액을 손해봤다.

H) 거티 맥기는 데이비드 후드를 바보라고 생각한다.

I) 앨리슨 하우스홀더는 메리 밀러를 의도적으로 피해왔다.

J) 틸먼 사임스는 책을 읽을 때가 제일 마음 편한 내성적인 남자다.

레베카 후드가 쓰러져 있는 남편 데이비드 후드를 발견하고 비명을 질렀을 때, 그 소리를 듣고 모든 사람들이 위층으로 뛰어올라갔다. 메리 밀러가 이름을 불렀을 때 레베카는 화들짝 놀랐고, 실수로 테이블에 놓인 꽃병이 그녀의 움직임 때문에 바닥에 떨어져 깨졌다. 꽃병만 떨어져 깨졌고 아무것도 도둑맞지 않았다는 사실은 이 사건이 데이비드 후드에 대한 개인적인 원한에 의한 공격이며, 또한 손님 중의 한 명이 범인임을 강하게 시사한다.

마이크와 윌리스가 마틴을 아래층으로 옮겼을 때, 메리 밀러는 문이 딸각 닫히는 소리를 들었다. 나머지 손님들은 이미 계단에 있었을 테지만, 난리 중이라 메리 밀러는 인원 구성에 딱히 신경을 쓰지 못했고, 다른 사람들도 마찬가지였다. 만약 범인이 위층 열린 창문으로 도망갔다면, 누가 데이비드와 손님들 뒤에서 문을 닫았을까?

레베카 후드가 차를 몰아 떠난 후 모든 손님들이 자리에 있음이 확인되자, 메리 밀러는 범인이 파티 손님일 거라 의심하게 되었다. 그리고 수색 후에 마이크가 창문이 열린 방에서 부지깽이를 발견했다고 보고했다. 이로 인해 범인이 놀란 도둑이 아님이 거의 확실해졌다.

마지막으로, 마이크가 깨진 꽃병을 언급했고, 마틴은 침입자가 건드렸을지도 모른다고 말했다. 하지만 손님들은 전부 레베카가 화들짝 놀라 움직여 꽃병이 떨어지는 것을 보았다.

마틴은 데이비드와 아내 제티가 자기 몰래 바람을 피운다고 오해했다. 파티에서 둘이 화기애애하게 대화를 나누는 광경에 그만 눈이 뒤집히고 말았다. 마틴은 데이비드가 화장실에 갈 때 따라가서, 부지깽이를 찾아들고는 데이비드가 나올 때 뒤통수를 가격했다. 그런 다음 모임 장소로 다시 내려가기 전에 레베카가 남편을 찾아 계단을 올라오는 소리를 듣고, 부지깽이를 떨어뜨리곤 작은 침실 벽장에 숨었다. 그는 사람들이 다시 아래층으로 내려갈 때까지 거기서 기다렸다가, 작은 침실에서 나와 사람들 틈에 합류했다. 불행히도 마틴은 벽장에 숨어 있느라 레베카가 꽃병을 깨뜨렸으며 모두가 그 광경을 보았음을 까맣게 몰랐다.

메리 밀러는 경찰과 함께 돌아왔고, 경찰은 모두에게서 증언을 받았다. 마틴이 조사받을 때 메리 밀러는 모두 레베카가 꽃병을 깨뜨리는 것을 보았음을 지적했고, 그는 그걸 몰랐던 이유를 해명하지 못해서 체포되었다.

데이비드는 다행히 왼쪽 팔을 약간 못 쓰게 된 것을 제외하면 거의 회복되었다. 마틴은 살인 미수로 수감되었다.

17

이중 미망인 스캔들
The Double Widow

카밀라 맥머레이는 모든 기자들에게 꿈의 여자였다. 아름답고 화려하며 비극적이고, 약간의 스캔들로 유명했다. 이제 겨우 스물여덟 살이지만 그녀는 막 두 번째 남편을 잃었으며, 심지어 그 일은 폭력에 의해 일어났다. 결과적으로, 조시 콜은 편집장으로부터 최대한 극적인 이야기를 뽑아오라는 지시를 받았다. 사진기자를 데리고 나서기 전, 조시는 경찰 지인 피트에게서 입수한 초기 보고서에 서술된 이야기를 훑어보았다.

고인이 된 델마 맥머레이는 예순두 살이었다. 그의 아버지는 유명한 시럽 제조로 재산을 불렸으며, 델마는 믿을 만한 상속자였다. 회사는 튼튼하게 수익을 올려, 맥머레이 가의 재산은 상당했다. 이제 그의 사망으로 회사 경영권은 동생 버너에게 넘어갔다.

경영자의 자리는 당장의 재산 증식 면에선 크게 도움이 되지 않고 오히려 부담스런 책임만 요구되었다.

델마의 아내 카밀라는 대다수의 사업 외적 자산을 물려받을 주 상속인이었다. 그녀는 이전에 스물다섯 살 때도 남편을 잃었다. 첫 남편 플로이드 라이트도 델마와 마찬가지로 부유하고 나이 많은 사업가였다. 플로이드 라이트와의 결혼 생활은 사 년간이었으며, 남편이 예순넷의 나이에 치명적인 심장발작을 일으켜 끝났다. 당시에는 사망사건에 대해 아무도 수상히 여기지 않았고, 카밀라는 많은 재산을 물려받았다. 그녀는 이번엔 델마와 이 년 반의 결혼 생활 후, 그냥 부자에서 엄청난 부자가 되었다.

델마의 사망 원인에는 전혀 논란의 여지가 없었다. 그는 자택의 침실에 있다가 습격당했고, 짧은 몸싸움 끝에 목을 칼로 베였다. 자택 부지에서 침입자가 잡혀 체포되었으나, 그는 무단침입 외에는 전부 혐의를 부인했고, 변호사를 내세우며 입을 다물었다.

맥머레이 저택은 아주 크고 훌륭하게 설계되었으며, 멋지게 조성된 대지에 최상의 전망을 누릴 수 있게끔 지어졌다. 하지만 조시가 본 중에 가장 아름다운 여성인

카밀라에 비하면 저택은 완전히 그 빛을 잃어버린 그저그런 건물에 불과했다.

그녀의 깊고 지적인 녹색 눈이 사랑스럽고 섬세한 하트 모양의 얼굴에 자리했다. 화장이 어찌나 솜씨가 좋은지 완벽한 아름다움을 뽐냈으며 검은 드레스는 품위 있으면서 동시에 몸매를 매력적으로 드러냈다. 심지어 방 안에서의 위치 선정조차도 탁월했는데, 햇살이 뒤로 떨어져 황금빛 후광이 드리워지는 곳에 서 있었다.

조시의 본능은 도망칠 수 있을 때 당장 도망치라고 비명을 질러댔다. 하지만 그는 미소 지으며 상황을 맞았다.

"저희 〈센티널〉지의 인터뷰 요청에 응해주셔서 고맙습니다, 맥머레이 부인. 제 이름은 조시 콜이고, 이쪽은 사진기자 아담 매튜스입니다. 고인의 명복을 빕니다."

그녀는 슬픈 표정으로 고개를 숙여 보였다.

"고맙습니다, 콜 씨. 끔찍한 일이었어요."

"누가 남편분을 해칠 만한 이유가 있을지 혹시 짐작되시는 게 있을까요?"

아담이 조시의 옆에서 카메라를 설치했다.

"나 말고요? 아, 충격 받은 척 그러지 마세요, 콜 씨. 어울리지 않아요. 난 바보도 아니고 약해빠지지도 않았어요. 외부인이 보기엔 나에게 살해 동기가 넘쳐나리라는 거 익히 알아요. 하지만 나하곤 정말로 아무 관련 없어요. 델마는 다정하고 상냥한 사람이었죠. 순수했어요, 정말. 남편을 많이 좋아했어요. 솔직히 실수였던 첫 번째 결혼의 남편보다 훨씬 더. 델마는 야심이 없고 사업 거래에 합리적이며, 개인적 거래에 정직했어요. 그의 삶에는 음모가 끼어들 여지가 없었죠. 적을 만들 만큼 이기적이거나 매정하지도 않고, 그의 사망으로 큰 이득을 보는 친척도 없어요. 불쌍한 버너는 형과 본인 일상의 자유를 둘 다 잃어 완전히 절망했지만, 맥머레이 식품회사를 위해 자기 의무를 다할 거예요. 솔직히, 누가 나한테 누명을 씌우려 이러는 건가 생각했을 정도예요. 제대로 하기만 했다면 저야 해명할 방법이 없죠."

조시가 물었다.

"적이 있으신가요?"

"질투하는 사람이야 있겠죠."

그녀는 눈빛으로 그에게 화제를 바꾸라고 요구했다.

"여쭤봐도 괜찮다면, 보신 대로 사건의 진행 상황에 대해 알려주실 수 있을까요?"

"난 복도 저쪽 욕실에서 목욕하고 있었어요. 침실에서 유리가 박살나는 소리가 나서, 나와서 커다란 수건을 몸에 두르고 무슨 일인가 보러 갔죠."

그녀의 목소리가 떨리고, 눈에 눈물이 가득 고였다.

"남편 델마가 피바다 한가운데에 얼굴을 바닥에 박고 쓰러져 있었어요. 발코니 유리문은 깨졌고, 발코니에 유리조각이 온통 널려 있었죠. 키 크고 검은 옷차림의 형체가 발코니 가장자리로 빠져나가는 걸 얼핏 본 듯한데, 그때는 그게 머리에 들어오지 않았어요. 나는 남편 옆에 무릎을 꿇고, 맥박을 짚어보았죠."

카밀라가 잠시 침을 꿀꺽 삼킨 후, 다시 말을 이었다.

"그는 죽었어요. 얼마나 오래 거기 앉아 있었는지 모르겠네요. 문에서 노크 소리가 났고, 어느새 내가 소리 내어 흐느끼고 있더라고요. 델마의 개인 비서 겸 저택 관리인 매튜 커쇼가 들어와서 상황을 보고, 나를 데리고 나가 하녀를 불러 보살피게 한 다음 달려 나갔죠. 몇 분 후 돌아와 말하길, 돌아다니는 불한당을 붙잡아서 정원 창고에 가두었다고 하더군요. 지금은 경찰에 넘겨졌죠."

조시가 마음을 담아 말했다.

"끔찍한 일이군요."

"네."

"그날 저녁에 방문객이나 손님은 없었습니까?"

"아뇨, 우리는 자주 외출하는 편이라 그날도 그럴까 했지만 결국 안 나갔어요."

조시는 초조히 침을 삼키며, 조금 더 밀고 나가보기로 했다.

"첫 번째 남편분을 실수라 하셨죠?"

카밀라가 담담히 말했다.

"난 젊고 어리석었어요. 델마는 나의 두 번째 기회였어요. 그 이상은 할 말 없어요. 첫 남편이 죽을 때 내가 곁에 있지 않았다는 것만 말씀드리죠. 그 사람은 심지어 시내에 있지도 않았어요."

"알겠습니다. 이제 맥머레이 부인은 어떻게 하실 겁니까?"

"아직 모르겠어요. 미래는커녕 현재 생각도 제대로 할 수 없는 걸요."

그녀는 티 나게 문 쪽에 눈길을 주었다.

"피곤해지네요."

조시는 얼른 일어섰고, 이미 장비를 다 챙긴 아담에게 고갯짓을 했다.

"시간 내주셔서 고맙습니다. 마지막으로 질문 하나만 드리겠습니다. 매튜 커쇼 씨와 이야기할 수 있을까요?"

"커쇼 본인이 그러고 싶다면, 난 상관없어요."

"다시 한 번 시간 내주셔서 감사합니다."

복도로 나와 보니, 하녀가 그들을 기다리고 있었다. 그녀는 순순히 매튜 커쇼에게 안내해주겠다고 했다. 조시는 아담을 내보내 건물 전면을 찍게 하고, 하녀를 따라 복도를 걸었다.

조시는 그녀에게 물었다

"이름이 뭔가요?"

"예타 슈롭셔예요."

"어젯밤에 무슨 소리 들은 거 있습니까?"

그녀는 어깨가 굳어지더니 머뭇거렸다.

조시는 미소를 지어 그녀를 안심시켰다.

"맥머레이 부인께선 직원들과 이야기해도 된다고 하셨어요."

"아, 알겠습니다. 무례를 범할 뜻은 아니었어요. 깨지는 소리를 들었지요. 같이 이 집에서 일하는 이조라가 뭘 떨어뜨렸나 했어요. 일이 분 후에 문소리가 났고, 조금 더 지나 매튜 커쇼 씨가 도움을 청하는 소리가 들리기에 무슨 일인가 가보니 맥머레이 부인께서 침실 앞 거실에 있으셨어요. 부인은 제가 침실에 들어가지 못하게 막으셨어요. 저는 부인께 마실 것을 가져다드리고, 경찰이 올 때까지 곁에 있어드렸죠. 여기가 커쇼 씨 사무실입니다."

조시는 고맙다고 인사하고 안으로 들어갔다.

커쇼는 키가 크고 근육질에 잘생긴 삼십 대 초반의 남자였다. 카밀라와 마찬가지로 그는 몸에 잘 맞는 고급스런 검은 옷차림이었다. 개인 비서 겸 저택 관리인보다는 서글서글한 은행가 아들 같은 인상이었다.

"〈센티널〉지에서 나온 조시 콜입니다. 방금 맥머레이 부인을 인터뷰했는데요. 부인께서 당신과 이야기해도 좋다고 하셨습니다."

"알겠습니다. 뭘 도와드릴까요, 콜 씨?"

"어젯밤 사건에 대해 말해주실 수 있을까요?"

"물론이죠. 위층에서 유리 깨지는 소리가 났고, 침실에 가 보니 맥머레이 씨가 발코니로 침입한 괴한에게 습격을 당하셨더군요. 맥머레이 부인이 무사하신 걸 확인하자마자, 도움을 청한 다음 괴한을 찾으러 나갔지요. 마당에서 도망치려는 그자를 발견했습니다. 붙잡아서 단단히 묶어 창고에 가둔 다음, 경찰에 신고했습니다."

"엄청나게 용감하셨군요."

"군대에 몇 년 있었습니다, 콜 씨. 거기서 규율과 조직, 호신술을 배웠지요. 아마도 무의식적으로 반응한 거였겠죠. 제가 발견했을 때 그자가 단검을 어디다가 버린 다음이어서 다행입니다."

"알겠습니다. 혹시 그자의 정체에 대해 짐작가시는 바라도?"

"전혀요. 하지만 검은색으로 차려입었고, 밧줄과 도구가 든 가방을 갖고 있었습니다, 경찰이 가져갔죠."

"맥머레이 씨는 좋은 상사였습니까?"

"모범적이셨죠. 지난 오 년간 그분 곁에서 일해서 운이 좋았다고 생각합니다. 그분의 사망은 알고 지냈던 모든 이들에게 크나큰 상실이지요."

"그리고 맥머레이 부인은요?"

남자의 눈이 번뜩였다.

"외면만큼이나 내면도 진정 아름다운 분입니다. 누가 그분에 대해 험한 말을 하는 걸 들어본 적이 없어요. 최고의 것만 받아 마땅하신 분이죠."

"이야기 잘 들었습니다. 고맙습니다."

조시는 비서와 헤어져, 아담과 함께 신문사 사무실로 돌아왔다. 그는 피트에게 부탁해 신문에 직접적으로 싣지 않는다는 조건으로 용의자 신문 보고서를 얻어냈다. 조시는 피트에게 넉넉히 보너스를 더해 사례한 다음, 사무실 근처에 있는 커피숍으로 가서 보고서를 훑어보았다.

용의자의 이름은 맥시 마일즈였다. 사십 대 후반의 체구가 작은 남자로, 절도죄로 몇 건의 전과가 있었다. 보고서에 따르면 그는 그렇게 말했다.

"이러지 맙시다. 내가 아니라는 거 알잖아요. 요즘엔 완전히 손 씻었고 설사 그렇지 않아도 난 파리 한 마리 해치지 않았다고요. 내가 오고가는 걸 들은 사람이 아무도 없단 거 피차 알잖습니까. 어젯밤 근사한 걸 보러 그 집으로 오라는 전갈을 받았고, 궁금해서 가봤죠. 무단침입은 하지 말았어야 하는데, 그 점은 후회합니다. 난 뭐 불꽃놀이나 그런 구경인 줄 알았죠. 그 동네에서는 늘 불꽃놀이 같은 걸 하니까요. 내가 불꽃놀이를 좀 좋아합니다. 그런데 불꽃놀이는커녕 거대한 고릴라 같은 작자가 날 붙들더니 팔을 떼어버릴 기세로 비틀어대지 뭡니까. 나를 마구 창고로 끌고가 묶어놓고는 가버렸어요. 그 연장 가방은 원래 거기 있었던 거고요. 매듭 짓는 법 하난 확실히 잘 알더군요. 거기서 밧줄을 풀려고 낑낑대고 있는 중에 당신네 경찰들이 옵디다. 그게 진실입니다. 솔직히 다 털어놓은 거예요. 숨길 게 없으니까요. 그래서 지금까지 여러 말 안 하고 기다린 겁니다. 변호사를 불러주세요."

맥시 마일즈의 진술 내

용과 함께 그가 이야기한 전갈에 대한 설명도 있었다. 종이 조각 엔 그냥 맥머레이 가의 주소만 갈겨 쓰여 있었다. 또한 '용의자의 필체로 보이지 않음'이라는 언급이 곁들여져 있었고, '보이지'라 는 단어 아래에는 밑줄이 쳐져 있었다.

조시는 그날 적은 메모를 들춰보다가, 갑자기 머릿속에서 모든 것이 맞아 들어갔다.

"살인자가 누군지 알겠어!"

델마 맥머레이를 죽였다고 조시 콜이 의심하는 사람은 누구이며,
어째서인가?

HINT

A) 카밀라 맥머레이는 첫 번째 남편 플로이드 라이트의 죽음에
놀라지도 슬퍼하지도 않았다.

B) 델마 맥머레이는 아내를 지극히 사랑하는 상냥한 남자였다.

C) 살인 흉기는 발견되지 않았다.

D) 맥시 마일즈는 두 가지 거짓말을 했다.

E) 카밀라 맥머레이는 야심가이며 단호하다.

F) 매튜 커쇼는 카밀라 맥머레이를 위해서라면 무엇이든 했을 것이다.

G) 하녀 에타 슈롭셔는 유일하게 조시에게 완전한 진실을 말한 사람이다.

H) 연장 가방에는 길고 튼튼한 밧줄, 쇠 지렛대, 유리 자르는 도구, 강철 정 두 개, 작은 기름통,
자물쇠 따기 기본 도구 세트, ㄴ자 렌치, 작은 쇠톱, 가느다란 끌, 금속 쐐기 두 개, 청진기,
그리고 중간 크기의 망치가 들어 있었다.

그는 용의자를 확보한 후에 델마가 혼자 남게 되기까지 기다렸다가 살해하고, 창문을 깬 다음 발코니에서 뛰어내렸다. 그런 다음 다시 저택 안으로 들어와 시체를 발견하고, 범인을 뒤쫓는 것처럼 바깥으로 뛰어나가 잠시 있다 돌아와서는 맥시를 잡았다고 보고했다.

커쇼는 경찰의 신문에 결국 자백하였고, 체포되었다.

책을 180° 돌려서 읽으세요

매튜 커쇼의 시간대별 행적은 잘 맞지 않는다. 그는 유리 깨지는 소리를 듣고 조사하러 갔다고 했다. 하지만 같은 소리를 들은 카밀라가 욕조에서 나와 수건으로 몸을 감싸고, 시체를 발견하고, 확인한 다음 앉아서 한동안 충격에 빠져 있을 때 그제야 그가 도착했다. 또 깨진 유리 조각은 방 안쪽에 있지 않으니 살인자가 발코니로 들어오지 않았음을 알 수 있다.

거기에 더해, 카밀라는 커쇼가 달려 나갔다가 몇 분 만에 돌아왔다고 했는데, 그건 넓은 정원 어디에 있을지 모르는 침입자를 찾아내고, 제압하고, 묶어서 가두기에는 매우 부족한 시간이다.

이 모든 것이 커쇼가 살인자라는 증거가 되었다. 그는 카밀라에게 푹 빠져 있었으며, 자신에 대한 그녀의 상냥함을 은근한 유혹이라고 믿었다. 그는 그녀에게 남편보다 젊고 잘생긴 사람이 필요하다고 마음먹고, 하급 범죄자가 된 옛 군대 동료에게 그럴싸한 침입자를 골라달라고 부탁해서 맥시 마일즈를 알아냈고, 맥머레이 저택이 그날 밤 비어 있을 것이며, 털면 한몫 잡으리라는 이야기와 함께 주소 쪽지를 그에게 보냈다. 그런 다음 주의를 기울여 살펴보았고, 맥시가 저택에 접근하는 것을 포착하자, 그를 붙잡아 묶어 창고에 가두었다.

18

골든 하인드 강도 사건
The Golden Hind

저녁 마지막 손님을 받고 있는 영업 중인 식당을 털기란 상당히 간이 커야 할 수 있는 일이다. 고급 프랑스 식당 골든 하인드는 시내의 유흥 지역 중심인 틸슨 가에 있었다. 도둑은 사장 머레이 블레빈스를 공격하고, 그가 비틀거리는 사이에 계산대의 돈을 낚아채어 건물 뒤쪽으로 재빨리 도망쳤다.

식당을 둘러보자 파나키 경감은 남자의 행적을 손쉽게 파악할 수 있었다. 계산대는 음료 카운터에 있었는데 식당 중심 구역의 뒤쪽에 가까웠다. 화장실도 뒤쪽 벽에 있었으며, 음료 카운터의 입구 끝에서 얼마 되지 않는 거리였다. 주방과 서비스 구역으로 통하는 커다란 스윙도어는 뒷벽 한가운데에 있었다. 바로 그 문 뒤에는 복도가 있고 거기서 왼쪽으로 가면 식당 뒷문과 그 뒤 골목으로 이어지고, 오른쪽으로 가면 창고와 냉장실이었다. 화장실에서 나와 계산대로 접근하고, 그다음 스윙도어를 지나쳐 복도를 지나 뒷문으로 빠져나가기는 쉬웠을 것이다.

복도 맞은편에는 커다란 아치형 문을 지나 주방이 있었고, 수많은 화구, 그릴, 오븐, 금속 조리대, 줄지은 도자기 접시와 식기, 다양한 물품이 가득한 벽장이 있었다. 옆쪽 벽은 설거지하고 그릇 말리는 설비들이 차지했다.

골든 하인드 식당 사장 머레이 블레빈스가 말했다.

"총을 가지고 있었어요. 손님에게 드릴 잔돈을 준비하던 중이라, 그 남자가 들어와서 권총 손잡이로 내 관자놀이를 갈겼을 때야 그걸 알았죠."

파나키 경감은 혀를 찼다. 확실히 블레빈스의 머리 오른쪽에는 심각해 보이는 멍이 있었다.

"익히 짐작하시겠지만 그 바람에 멍해졌습니

다. 남자가 저를 밀치고, 현금을 움켜쥐고는 사라졌죠."

"인상착의를 말해주실 수 있을까요?"

"경관한테 말했다시피, 링컨 대통령 가면을 쓰고 있었어요. 기억나는 건 그 가면하고 권총, 묵직한 코트뿐입니다. 아무 말도 안 했어요. 휴, 제가 계속 '그 남자'라고 말하고 있긴 하지만 실은 여자라 해도 전혀 모를 일입니다. 키가 얼마나 되는지도 전혀 짐작이 안 가요. 제가 놀라서 그만 푹 주저앉았기 때문에요. 그나마 직원을 해치거나 손님들을 털지 않아 다행입니다. 무장 강도가 든 것치고 이만하면 다행이지요. 그래도 머리를 얻어맞지 않았으면 좋았을 텐데요."

강도가 들었을 때는 대부분의 주방 직원은 퇴근한 후였다. 설거지 담당 바니 대븐포트는 아무것도 듣지도 보지도 못했다고 했다. 그가 사건에 대해 처음 알게 된 것은 머레이 블레빈스가 피를 흘리며 비틀비틀 주방으로 들어와 깨끗한 천을 찾았을 때였다. 하지만 총주방장 버디 크로스는 그 남자를 보았다.

"바쁜 저녁이었습니다. 요리를 아주 많이 내갔죠. 내일 준비로 밤새 불려놔야 할 재료를 챙기고 있는데 문이 쾅 열리는 소리를 들었습니다. 제 자리가 주 카운터 뒤쪽 벽에 맞닿아 있어요, 저쪽이요."

그는 커다란 거울 아래 긴 카운터를 가리켰다.

"오고가는 상황을 쉽게 볼 수 있는 게 좋아서요. 그래서 아무튼, 말했듯이 쾅 하는 문소리하고 누군가 뛰어가는 소리를 들었습니다. 그래서 눈을 들었다가 복도를 달려오는 사람 형체가 얼핏 보였죠. 바쁘고 피곤해서, 당시에는 별생각 안 했습니다."

"그 사람의 인상착의를 묘사할 수 있겠습니까?"

"얼핏 본데다 얼굴은 못 봤지만 대충 중간 정도의 키였던 것 같고, 짙은 머리색에 짙은 옷을 입었어요. 왼손에 든 쪽지에 뭔가 적혀 있었지만 뭔지는 못 봤습니다. 워낙 순식간에 사라져서요. 몇 초 후, 머레이 블레빈스 씨가 옆머리에서 피를 흘리며 비틀거리면서 나타났고, 바니와 제가 도우려고 달려갔죠. 더 알려드릴 수 있으면 좋겠습니다만, 아는 게 워낙 없네요."

"다시 그 남자를 보면 알아볼 수 있을까요?"

"어, 시도해보기 전에는 모를 것 같은데요. 하지만 아마 못 알아볼 겁니다. 그냥 잠깐 스쳐 지난 데다, 전 렌틸콩 생각을 하던 중이어서요."

수석 웨이터 멀 휠러는 식당에서 일한 지 칠 년 되었다. 그가 파나키 경감에게 말했다.

"저는 식당 앞쪽 근처에 있었습니다. 아무것도 보지도 듣지도 못했고요. 아직 손님들이 두 테이블 있어서, 주로 그쪽에 신경을 쓰고 청구서 준비를 하고 있었죠. 하지만 한 가지만은 분명히 말씀드릴 수 있습니다. 그자는 정문으로 들어오지 않았습니다."

"확실합니까?"

"어, 그 남자가 여기 이른 저녁이나, 아니면 점심시간에 미리 들어왔다가 화장실에 숨어 몇 시간을 기다렸을 가능성도 염두에 두어야 하겠죠. 불가능하진 않습니다. 화장실 칸을 차지하고 있는 사람이 있다는 보고는 안 들어왔지만, 누가 연달아 화장실을 들락거리지 않는 이상 별생각이 없지 않겠습니까? 하지만 일곱 시 반부터는 제가 플로어에 계속 있었습니다. 들어오고 나가는 모든 사람들을 봤고, 숫자가 안 맞는 인원은 없었어요. 짐작하시겠지만, 손님이 그냥 슬쩍 빠져나가지 않게 하는 게 중요하거든요."

경감이 말했다.

"알겠습니다. 그럼 그 남자가 화장실 창문을 통해 들어왔을 가능성은 어떨까요?"

"아주 말랐다면요. 창문이 크지 않습니다. 모든 점을 고려하면 별로 그럴 것 같진 않군요."

사건 당시 일하고 있던 다른 웨이터는 볼드윈 스위트라는 이름이었다. 그는 골든 하인드 식당에 삼 년 있었다.

"얼핏 그 남자를 보긴 했습니다. 뭔가 도왔어야 했는데 그러질 못해 마음이 안 좋네요."

"정확히 무슨 일이 있었습니까?"

"저는 십이 번 테이블을 치우고 있었습니다. 접시와 그릇 대여섯 벌에다가 와인 잔과 물잔까지 잔뜩 들고 있어서, 얼른 주방에 갖다놓을 생각뿐이었죠. 몸을 펴고 음료 카운터로 눈길을 돌렸다가, 그 남자가 계산대 위로 몸을 수그리고 있는 걸 봤어요. 제가 보기엔 에이브러햄 링컨을 좀 닮았더군요. 그때 그 남자 옆에 서 있던 블레빈스 씨가 신음소리를 내는 겁니다. 제가 다시 돌아봤을 즈음엔, 그 남자는 문을 지나갔고요. 크고 짙은 코트를 입고 있었던 거로 기억합니다. 쫓아가고 싶었지만, 그릇들을 다 내던져야 하는데 그러면 제 봉급에서 깎이는데다가 아직 자리에 있던 구 번과 십사 번 테이블 손님들이 놀라 기절초풍했겠죠. 정말 죄송합니다."

파나키 경감은 그에게 미소 지었다.

"차라리 그 편이 다행일 겁니다, 스위트 씨. 그 남자는 총을 갖고 있었으니까요. 그를 따라갔다면 총에 맞았을 가능성이 큽니다."

볼드윈 스위트는 힘겹게 침을 삼켰다.

"세상에!"

경감이 식당에서 돌아와 보니, 경관들이 범행 시각 직후인 열 시 경에 주위에서 목격된 용의자 세 명을 데려와 대기하고 있었다.

첫 번째는 키가 크고 덩치가 좋은 루빈 윌슨이라는 남자였다. 경찰 기록에 따르면 그는 두 번의 전과가 있었는데 한 번은 폭

력, 다른 한 번은 절도였다. 주로 용역 깡패로 알려져 있었다. 조사실로 안내되자 그는 인상을 팍 썼다. 청바지와 하얀 민소매 면 셔츠 차림이었고 그걸로 굉장한 근육을 과시해보였다. 눈에 띄는 문신 몇 개가 있었는데 전부 종교적 성격으로, 왼쪽 팔뚝에 조잡한 성모 마리아 초상, 목 쇄골 바로 아래에 십자가, 그리고 오른손 손등에 Jesus(예수)라는 단어 등이 적혀 있었다. 가느다란 사슬에 매달은 십자가 모형이 목덜미의 문신 십자가 바로 아래에 걸려 있었다.

루빈 윌슨이 덤덤히 말했다.

"골든 하인드 식당이요? 아뇨. 가본 적 없습니다. 갈 일도 없고요. 겉만 번지르르한 쓰레기죠. 물론 두어 번 그 앞을 지나기야 했지만 나는 거기 건너편에 있는 루시즈의 단골이에요. 어젯밤에도 거기에 갔고, 그래서 그 근방에 있었던 겁니다. 친구를 만나느라고요. 열한 시까지 거기 있으면서 술로 하루의 스트레스를 날렸죠. 할리 로젤라, 그 친구가 증언해줄 겁니다. 늘 내 뒤를 봐주니까요."

두 번째 용의자는 에드윈 버치필드라는 이름이었다. 식당의 예전 직원으로, 이십 대 후반의 부루퉁한 남자였으며 평균 키와 체중에 짙은 바지와 버튼다운 셔츠를 입고 있었다. 이전에 체포된 기록이나 전과는 없었다.

"골든 하인드에서 주방 보조를 했었죠. 근처 실리반 가에 살고있고요. 그 빌어먹을 식당에 대해 좋은 점이라곤 그거 하나였습니다. 근무 시간은 끝이 없고, 급료는 형편없고, 총주방장은 진짜 제

멋대로에다, 사장 머레이 영감은 조그마한 꼬투리만 잡혀도 귀에 못이 박히도록 잔소리를 늘어놓는 지루한 멍청이죠. 네, 저는 거길 별로 안 좋아했습니다. 다른 일자리를 잡을 때까지 한 여섯 달쯤 버텼죠. 그게 일 년 전입니다. 지금 일하는 곳은 통근시간이 더 걸리긴 하지만 그래도 나아요. 골든 하인드는 정말 거지 같아요. 어젯밤이요? 아홉 시 반쯤 퇴근해서 집까지 걸어갔죠. 한 열 시 십오 분쯤 들어갔습니다. 그게 다예요."

마지막 용의자는 앵거스 호프스태터라는 배달원이었다. 그는 중간 정도의 키였지만 체격은 튼튼했다. 다른 사람의 다리를 부러뜨린 죄목으로 형을 살았던 적이 있었다. 당시에 그가 대부업자 밑에서 빚 독촉 일을 했다고 추정되었으나 증명하지는 못했다. 그는 삼십 대 후반이며, 묘하게 표정 없는 얼굴을 하고 있었다.

"그 식당에 한 번 가긴 했지만, 제 스타일은 아니었습니다. 오늘 오후엔 제 배달 건을 확인 중이었고요. 말씀하신 식당에서 몇 집 떨어진 커피숍에 테이블 몇 개를 배달할 일이 있어서요. 사실, 배달 갈 곳이 낯선 데면 미리 가서 확인해보곤 합니다. 그러면 일정이 훨씬 매끄럽게 진행되고, 우리 사장은 제가 시간을 낭비하면 좋아하지 않거든요. 미리미리 준비하라, 그게 제 신조죠. 게다가 밤에 시내를 걸어 다니는 걸 좋아합니다. 그래서 저녁을 먹고 유라 앤드 폴 커피숍을 확인해보러 갔죠. 접근 경로는 충분한지, 문 크기는 넉넉한지, 도로가 막힌 데는 없는지, 뭐 그런 거요. 다 멀쩡해 보이더군요."

호프스태터가 조사실에서 안내받아 나가자, 교대해서 엘든 순경이 들어왔다. 그가 경감에게 말했다.

"가면을 발견했습니다. 골든 하인드 식당에서 한 블록 떨어진 곳의 쓰레기통에 있었습니다. 사람들의 말대로 에이브러햄 링컨의 얼굴이었고요. 소품 권총도 같이 있었습니다. 가짜지만 그럴싸해 보이더군요. 하지만 그게 다입니다. 그 두 가지를 제외하면 쓰레기통은 비어 있었습니다."

파나키 경감이 말했다.

"누가 범인인지 알겠군. 용의자 중의 한 명을 다시 이리 데려오게, 자백을 받아낼 수 있을지 봐야겠군."

파나키 경감이 의심하는 사람은 누구이며, 이유는 무엇인가?

HINT

A) 식당 사장 머레이 블레빈스는 도난으로 인한 손실 보험을 들어두었으며, 사건이 유죄로 종결될 경우에는 보상받을 수 있다.

B) 총주방장 버디 크로스가 파나키 경감에게 말한 정보는 완전히 정확하지는 않다.

C) 수석 웨이터 멀 휠러는 저녁 내내 식당에 있었지만, 손님들을 상대하느라 바빴던 시간이 중간중간 있었다.

D) 웨이터 볼드윈 스위트는 멀 휠러를 좀 싫어한다.

E) 용역 깡패 루빈 윌슨은 이전에 최소한 네 건 이상 할리 로젤라를 알리바이로 내세웠다.

F) 예전 직원 에드윈 버치필드는 무능한 직원이며, 자의로 퇴직하지 않았다. 사장 머레이 블레빈스가 그를 해고했다.

G) 배달원 앵거스 호프스태터는 아직도 부업으로 범죄자들을 위해 일한다.

H) 설거지 담당 바니 대븐포트는 곧 보조 요리사로 승진하기를 바라고 있다.

총주방장 버디 크로스는 거울에 얼핏 비친 모습을 보았던 거라 약간 잘못 본 부분이 있었다. 범인 손에는 쪽지가 들려 있지 않았다. 그것은 루빈 윌슨의 오른손 손등 문신이었다. 윌슨은 수석 웨이터 멀 휠러가 문에서 떨어져 손님을 상대하고 있던 밤 아홉 시쯤 아무렇지도 않게 식당에 들어섰다. 그는 어슬렁어슬렁 화장실로 향했고 아무도 신경 쓰지 않았다. 그리고 대부분의 사람들이 식당을 나설 때까지 (돈을 낼 때까지) 기다렸다가 가면을 썼고, 식당 사장 머레이 블레빈스가 정신이 팔린 사이에 습격했다.

그는 사실 여자 친구와 함께 일주일 전쯤 식당에 왔었으며, 그때 구조를 파악해두었다. 뒷골목 쪽 출입구는 웨이터들이 음식을 갖고 주방에서 문을 열고 나올 때 확실히 보였다. 그는 소품 권총과 가면을 증거로 추궁하자 자백했다.

19
계단 아래의 에드먼드 삼촌
Uncle Edmond

옛날식 회랑 창문을 통해 저녁 햇살이 비쳐들며 멋진 황금빛 후광을 연출했다. 몰리 홀드웨이는 동양식 방의 한쪽 끝에서 캐비닛 앞을 이리저리 서성이고 있었다. 집사 맥리모어가 메리 밀러를 방으로 안내하자, 그녀는 놀란 숨을 들이쉬더니 친구의 품에 뛰어들었다.

"메리, 와줘서 고마워요. 나 정신이 나갈 것 같아요."

메리 밀러는 나이 어린 친구를 꼭 안아주었다.

"무슨 일이 있었는지 말해보세요."

"제 남동생 포터 페먼스라고 아시죠? 아, 원래 동생과 에드먼드 삼촌은 사이가 좋지 않았어요. 두 주 전, 포터가 늘 하듯 경솔하게 말했고 삼촌이 아주 기분이 상하셨어요. 사흘 후, 삼촌은 안타깝지만 드디어 포터를 유언장에서 제외하기로 결심하셨으며, 너희 아버지가 있었다면 얼마나 실망했을지 모른다, 뭐 그런 내용의 편지를 보내셨어요. 포터는 물론 그냥 웃어넘겼죠. 포터와 아버지는 아주 각별했고, 인쇄소를 운영하니 집안 재산이 없어도 그럭저럭 유복하게 살아갈 만큼은 되거든요. 하지만 삼촌이 이번 주말에 저와 나머지 사촌들을 여기로 부르셨어요."

"물론 다들 왔겠죠?"

"네, 그럼요. 진저리나는 분이라도 삼촌인걸요. 솔직히 초대받지 못한 포터가 차라리 부러웠어요. 삼촌은 평소처럼 꼬장꼬장하셨지만, 삼촌이 주무시러 올라간 후 나머지 저희들은 즐겁게 놀았어요. 그래도 아침 식사 시간이 일곱 시 삼십 분이라 이 모임이 달갑지 않아요. 삼촌은 식사 시간에 아주 엄격하시거든요. 그런데 여덟 시에, 삼촌이 계단에서 목에 칼이 꽂힌 채 시체로 발견되신 거예요. 그것만으로도 힘든데, 경찰이 낮에 포터를 삼촌의 살해 혐의로 체포했어요!"

"끔찍한 일이네요."

"네! 미쳤죠! 포터는 거미도 못 죽이는데다, 아무튼 여기 있지도 않았어요. 하지만 경찰은 포터가 유언장에서 제외된 복수를 했다고 결론짓고, 자기들의 해석에 맞는 증거를 수집하는 중이에요. 운이 없게도 포터는 토요일과 일요일 오전에는 오랫동안 산책하기를 좋아하고, 한 시간 동안 밖에 나가 있었기 때문에 아내인 아델과 아이들도 알리바이를 대줄 수가 없어요. 삼촌은 물론 인맥이

넓으시니, 경찰도 당장 사건을 해결해야 한다는 압력을 많이 받겠죠. 정말 끔찍한 일이 생길까 겁이 나요."

"이해해요. 정의가 잘못 실행되는 경우도 벌어지니까요. 그럼 이번 주말, 여기에 정확히 누구누구가 있었나요, 당신 본인 외에?"

"제 남편은 막판에 오는 걸 취소했어요. 삼촌이 매번 그이가 자기 혈연이 아니라는 점을 전혀 감추려들지 않아서, 남편은 이번엔 삼촌을 저 혼자 상대하게 두고 빠졌죠. 남편을 원망하진 않아요. 보통은 아이들도 데려오지만, 남편한테 맡기고 왔어요. 삼촌이 애들에게 포터에 대해 온갖 말도 안 되는 소리를 하시는 게 싫어서요. 안톤은 삼촌의 장남이에요. 아내 시빌과 아이들과 함께 왔죠. 마일스는 둘째죠. 그의 아내 에드나는 친어머니를 방문하러 갔어

요. 안타까운 일이죠. 에드나는 좋은 사람이거든요. 마지막으로, 에일린은 셋 중에 막내예요. 올해 스물두 살일걸요. 남자 친구 보이드는 이 집 근처에도 안 와요. 아버지는 삼촌의 유일한 형제였으니, 사촌들은 그게 다죠. 일하는 사람들도 있었어요. 맥리모어 집사, 요리사 코드길 부인, 이름은 모르겠는데 하녀가 셋, 그리고 정원사 매티스와 그의 아들들요. 우리 중 누구도 딱히 애도하지는 않을 거예요. 삼촌은 너무 야단을 많이 치셨거든요. 그래도 우리 중에 누가 살인을 저지르리라고 상상하긴 어렵네요."

"범행 시간에 집에 있었나요?"

몰리 홀드웨이의 얼굴에 미소가 스쳤다.

"절 너무 잘 아시네요. 아뇨, 농장에 나와서 아침 새소리를 듣고 있었어요. 귀여운 개똥지빠귀를 발견했답니다. 사실, 살인에 대해 처음 알게 된 건 여덟 시 삼십 분에 몸을 녹일 차를 한 잔 마시러 들어왔을 때였어요."

"그리고 삼촌의 자녀들은요?"

"글쎄요, 장례식 준비며 실제 할 일에 관한 것들에 대해서만 잠깐 이야길 나누었어요. 주로 멍하니 침묵 속에 앉아 있었죠."

메리 밀러는 미소 지었다.

"그 사람들과 이야기 좀 해볼까요?"

안톤 페먼스는 숱이 줄어가는 갈색 머리에 작은 칫솔 모양으로 콧수염을 기른 진중한 중년 남자였다.

"만나서 반갑습니다, 메리 밀러 양. 이 끔찍한 상황에서 몰리를 도와주러 오셨다니 다행이군요."

"고맙습니다, 페먼스 씨. 고인의 명복을 빕니다."

그는 한숨을 쉬었다.

"아버지는 힘든 분이셨어요. 소심하고, 앙심을 품고 종종 일부러 잔인하게 굴기도 하셨죠. 어쩌면 늘 그랬던 건 아닐지도 모르지만, 전 아니었던 때가 기억나지 않습니다. 아버지를 애도는 하겠지만, 그립진 않을 겁니다."

"포터 페먼스와 그분의 사이는 어땠나요?"

"사촌동생은 유쾌하고 친절하며, 자기가 좋아하는 사람들을 나쁘게 말하는 걸 참지 못하는 정의로운 심성의 소유자지요. 그래서 사촌과 저희 아버지는 서로를 무척이나 싫어했고요. 아버지는 유

언장이 무슨 힘의 근원이라고 생각하시는 듯했지만, 포터는 아버지의 돈에 아랑곳하지 않았어요. 이제까지 유언장에서 제외되지 않은 게 오히려 놀랍습니다. 사촌이 누굴 죽이는 건 상상할 수가 없군요. 불행한 노인네는 물론이고요."

"오늘 아침에 뭔가 이상한 일을 보거나 들으셨나요?"

"아뇨, 불행히도 없습니다. 아침을 먹고 아내 시빌과 저는 아이들을 데리고 방으로 다시 올라갔고, 제가 아이들에게 책을 읽어주었습니다. 떼쓰지 않고 이른 아침 식사를 한 것에 대한 상이었지요. 아마 로레나였을 텐데 하녀 중 누군가가 비명을 지르는 걸 듣고, 제가 무슨 일인지 살피러 나가고 시빌은 남아서 아이들을 진정시켰습니다. 아버지는 목에 칼이 꽂혀 벌써 돌아가셨더군요. 심지어는 사후에도 아주 짜증내는 듯이 보였습니다. 맥리모어 집사는 벌써 신고를 하러 간 후였고요. 오래지 않아 경찰이 도착했습니다."

마일스 페먼스는 중년 초반이었다. 안톤이 흠잡을 데 없이 말끔했던 반면, 동생은 방탕한 분위기가 풍겼다. 옷은 좀 지나치게 과시적이었고, 머리는 많이 길었고, 얼굴 표정은 과하게 냉소적이었다. 거기에다 술이 완전히 깨지도 않은 듯했다.

"메리 밀러? 몰리와 함께 조류를 관찰하는 분이시죠? 댁의 지혜를 아주 높이 평가하더군요."

메리 밀러는 얼굴에 미소를 지어 보였다.

마일스가 계속 말했다.

"그 조류 관찰이라는 거 이해를 못하겠더만요. 몰리가 거기서 뭘 보는지 전혀 모르겠어요. 그 전부…… 자연일 뿐인데."

메리 밀러는 몰리의 찌푸린 표정을 무시하고 밝게 말했다.

"말썽에 휘말리지 않을 수 있지요. 포터 씨가 체포되었다는 소식은 들으셨겠죠?"

"그럼요. 불쌍한 포터, 그런 유형인 줄은 생각 못했는데. 사람 속은 정말 모르겠다니까요. 솔직히 우리에겐 좋은 일을 한 겁니다. 나머지 우리들끼리 상속분을 모아서 그 애 몫을 떼어줘야 해요. 물론 처형되지 않는다면 말이지만."

메리 밀러는 몰리의 팔에 손을 얹어 진정시키며 살짝 힘주어 잡았다. 몰리는 한숨을 쉬고, 억지로 긴장을 풀었다.

"혹시 뭔가 이상한 일을 보거나 들으셨나요?"

"전혀요. 옛날식 회랑에서 해가 뜨는 걸 보고 있었죠. 여기서 보내는 주말은 늘 엄청난 시련이거든요. 평온한 순간을 소중히 여겨야죠."

그는 몸을 축 늘어뜨렸고 히죽거림이 사라졌다.

"솔직히 말하자면, 아버지는 저를 좋아하셨던 적이 없습니다. 형 안톤은 열심히 노력하고, 막내 에일린은 어리고 다정한 반면, 저는 그냥 짜증스러운 존재일 뿐이니까. 전 능력이 되자마자 잔소리꾼 노인네 집을 박차고 나갔고, 몇 년 동안 아주 어쩔 수 없을 때만 왔죠. 보기만 해도 이가 갈려요. 가끔 꿈에서도 아버지가 나를 괴롭히는 듯해서, 꿈을 안 꾸려고 애씁니다. 때때로 나도 똑같이 될까봐 겁이 나요. 혈육조차 몇 시간 동안 같이 있게 하려면 돈으로 구워삶아야 하는 고약하고, 악의적이고, 못된 노인네죠."

메리 밀러가 상냥하게 말했다.

"그럴 위험성을 인지하는 것 자체가 중요하다고 봐요. 시간 내주셔서 고마워요."

에일린 페먼스는 매력적인 젊은 여성이었다. 그녀는 심란한 기색임에도 메리 밀러를 위해 상냥히 미소 지어 주었다.

"뵙게 되어 반가워요. 몰리한테 이런 친구분이 계시니 다행이네요."

그녀는 몰리를 돌아보았다.

"몰리, 포터 일은 정말 안타까워. 이해가 안 가. 오늘은 아무것도 모르겠어."

메리 밀러가 말했다.

"고인의 명복을 빕니다."

"고맙습니다. 정말로 슬퍼하고 싶어요. 제 아버지셨고, 누군가를 조금도 좋아하지 않고도 사랑할 수 있다는 걸 알려주셨죠. 슬프지 않아요. 하지만 뒷전에서 문제나 일으키는 아버지가 없는 세상을 마주하는 기분은, 좀 묘하네요. 겁도 나고. 아주 혼란스러운 하루예요. 어떻게 평소처럼 태양이 비치는지 이해할 수가 없네요. 아버지의 빈자리가 느껴질 거예요. 다만 지금은 실감이 안 나네요."

메리 밀러는 격려의 미소를 지었다.

"마음 편하게 가져요. 때가 되면 와 닿겠지요. 미래는 알아서

자연스레 굴러갈 거예요."

"고맙습니다. 그럴게요."

"오늘 아침에 뭔가 이상한 걸 듣거나 보았나요?"

에일린은 고개를 저었다.

"아뇨, 전혀요. 전 작은 응접실에서 웰스의 최신 과학 로맨스 소설에 푹 빠져 있었어요. 그의 높은 기준으로 봐도 좀 기묘한 연애죠. 하지만 혜성이든 어쨌든 충분히 몰입할 만했어요. 제가 처음 문제를 눈치 챈 건 비명이 시작되었을 때였어요. 그게 아마 하녀 주디스였죠? 그 이후로는, 지금이라도 꿈에서 깨어나는 게 아닌가 싶은 마음이 반이네요."

"아주 도움이 되었어요. 시간 내주어서 고마워요."

아래층으로 내려가던 중 몰리가 메리 밀러를 돌아보았다.

"메리, 그럼 다음은 주디스와 이야기할까요? 아마 금발 머리 하녀일 거예요. 솔직히 누굴 찌를 사람이라곤 여겨지지 않지만 모를 일이겠죠?"

"몰리, 삼촌을 죽인 사람이 누구인지는 이미 알 것 같아요. 몇몇 요점 질문을 뒷받침할 정보를 찾는 게 문제일 뿐이죠."

메리 밀러가 의심하는 사람은 누구이며, 이유는 무엇인가?

HINT

A) 페먼스 가족 재산은 총기류 생산과 판매에서 나왔다.

B) 장남 안톤의 아내 시빌 페먼스는 시아버지를 끔찍하게 싫어한다.

C) 둘째 마일스 페먼스는 아내 에드나와 딱히 사이가 좋지 않다.

D) 안톤 페먼스는 머리로는 그게 불가능하다는 걸 알면서도 아버지 눈에 만족할 만큼
뛰어나지 못하다는 데에 늘 깊은 죄책감을 느껴왔다.

E) 남편 마일스와 시아버지를 제외하면, 에드나 페먼스는 나머지 식구들을 매우 좋아한다.

F) 하녀 주디스는 종종 에드먼드 페먼스를 살해하는 상상을 해보았지만,
그걸 실행에 옮기기엔 준법정신이 투철한 성격이다.

G) 막내 에일린 페먼스는 책을 읽을 때면 현실의 존재를 잊는 경향이 있다.
그녀는 H. G. 웰스의 전 작품을 최소한 한 권 이상씩 갖고 있다.

H) 에드먼드 페먼스의 유언장에서 삭제당한 포터의 감정에 대한
몰리 홀드웨이의 판단은 정확하지 않다.

I) 포터 페먼스는 한때 마라톤을 했으며 꽤 좋은 성적을 냈고,
이 사실은 가족과 친구들에게 완전히 숨기고 있다.

J) 메리 밀러는 범인이 거짓말을 한다고 확신하기에 충분한 정황을 들었다.

집에 있던 사람들 누구나 에드먼드 페먼스를 죽일 동기가 충분했지만, 자신의 행적에 대해 거짓말을 한 사람은 단 한 명, 마일스뿐이다. 그는 메리 밀러에게 아침 식사 후 옛날식 회랑에서 해가 뜨는 것을 지켜보며 평온한 순간을 즐겼다고 말했다. 하지만 메리 밀러가 저녁 때 집에 도착했을 때, 지는 햇살이 회랑 창문으로 비치고 있었다. 성인이 된 이후로 대부분의 시간을 집에서 떨어져 지냈던 까닭에 마일스는 회랑에 새벽이 아니라 저물 때 햇살이 든다는 것을 잊고 있었다.

포터가 유언장에서 제외된 후, 에드먼드는 아침 식사 후 마일스에게 술을 끊고 정신 차리지 않으면 그가 다음 차례가 될 거라고 경고했다. 마일스가 아버지를 쫓아가 계단에서 찌른 이유는 가난해진다는 생각보다는 분노 때문이었다. 메리 밀러는 맥리모어 집사에게 아침 식사 후 회랑에서 아무도 보지 못했으며, 마일스와 에드먼드가 이야기를 나누었다는 확인을 받고 나서, 마일스에게 포터를 감옥에서 죽게 할 셈이냐고 따졌다. 마일스는 결국 자백했다. 포터는 풀려났고, 마일스는 형을 살았다.

원안 극복 풀렀다 180°

20

야심가의 죽음
The High-flyer

사망자가 모래밭에 손가락으로 'HELP'를 쓰려다가 힘이 다해 가련하게도 마지막 글자를 마치지 못했다고 짐작하기란 어렵지 않았다. 파도가 'H'의 일부분을 쓸어가고, 생명을 잃은 손과 팔이 뻗어 있는 광경은 매우 인상적인 사진감이었다. 인간의 노력이 얼마나 허망한지, 그리고 살인이란 비극에 대한 증명이었다.

〈센티널〉지 편집장은 현장 사진에 기뻐 날뛰며, 사진기자 아담 매튜스에게 특별 보너스를 주기까지 했다. 조시의 임무는 그 사진에 맞는 강력한 이야기를 물어오는 것이었다.

사망자는 클렘 서틀스로, 좀 알려진 중년의 부유한 기업가였다. 그는 시외 바닷가에서 시체로 발견되었다. 경찰 지인 피트에 따르면, 시신에는 몇 군데 찔린 상처가 있었고, 살해 흉기는 발견되지 않았다. 개인 소지품 외에, 그는 시간과 해변 이름이 적혀 있는 립스틱 입술 자국이 찍힌 쪽지를 갖고 있었다.

고인에게 배우자나 자녀가 없는 고로, 조시는 먼저 클렘 서틀스의 동업자 린우드 프레스턴과 이야기하러 갔다. 두 사람은 사무실을 공동으로 쓰면서 다양한 사업을 처리했다. 그들의 회사는 서튼 홀딩스라는 이름이었으며 시내의 고급 사무용 건물에 자리하고 있었다.

잘 꾸며진 대기실에서 잠깐 기다린 후, 조시는 프레스턴의 사무실로 안내받아 들어갔다. 남자는 키가 크고 말랐으며, 아주 짧은 회색빛 머리에 차가운 눈빛을 지니고 있었다.

조시는 어깨를 펴고 사업가들을 상대할 때 취하는 보일까 말까 한 미소를 띠웠다.

"〈센티널〉지에서 나온 조시 콜입니다. 만나주셔서 고맙습니다, 사장님."

"뭘 도와드리면 되겠습니까, 콜 씨? 짐작하시겠지만 오늘 아침은 바빠서요."

"네, 사장님. 동업자 클렘 서틀스 씨에 대해 몇 가지 여쭤보고자 합니다."

"비극이죠, 물론. 서틀스 씨는 동료들에게 인망이 있었으며 친구로 알고 지내는 사람들에게 두루 사랑을 받았습니다. 우리 모두의 마음에 빈자리가 큽니다. 내가 알고 지낸 십육 년간, 그는 빈틈없는 사업가로서의 면모를 잃은 적이 없으며 지치지 않고 서튼 홀딩스를 지켜왔습니다. 그의 사망은 회사로선 큰 타격이지만, 우리는 그가 원했을 방향으로 나아감으로써 그가 남긴 것을 지켜가고자 합니다. 궁극적으로는, 계속 번영하고 더욱 강해져야죠."

"혹시 그분을 해치고 싶어 할 만한 사람을 아십니까?"

"여기는 확실히 없습니다. 서튼 홀딩스는 가족이나 다름없고, 모두 그의 죽음에 슬퍼하고 있어요."

"회사 밖은 어떨까요?"

"아뇨, 물론 아니죠. 서튼 홀딩스는 지극히 공정하고 정직하게 모든 일을 처리합니다. 윤리적이고 도덕적으로 바른 사업체로, 모든 고객과 거래처와 원만한 관계를 유지하고 있지요. 서틀스 씨를 만나본 사람이라면 해치고 싶어 할 리가 없습니다."

"알겠습니다. 고맙습니다. 고인이 어떤 분이셨는지 더 말씀해

주실 수 있을까요?"

"물론이죠. 세부 사항을 포착하는 예리한 눈, 그리고 문제 해결과 새로운 아이디어를 구상하는 능력이 아주 뛰어났죠. 자신감이 넘치고 복잡한 문제를 이해하기 쉽게 전달하는 기술이 좋아서 특히 회의 진행이 강점이었습니다. 깔끔하고, 시간을 정확히 지키고, 늘 잘 차려입었죠. 매우 전문가다웠습니다."

"고인이 최근 새로운 일이나 논란이 될 만한 일을 진행하고 있었습니까?"

"콜 씨, 최대한 협조해드리고 있습니다만, 회사 일은 말씀드릴 수 없다는 건 이해하시겠죠? 죄송하지만 이제 업무를 시작해야겠습니다. 비서가 배웅해드릴 겁니다."

그가 책상 위의 벨을 누르자, 짙은 머리색의 키 작은 젊은이가 문가에 나타났다.

"델린저, 콜 씨가 가신다네."

하는 수 없이 조시는 작별인사를 했다.

"시간 내주셔서 고맙습니다, 프레스턴 씨."

그는 일어나서 비서를 따라 사무실을 나왔다. 문이 닫히고 나서 조시가 물었다.

"델린저 씨라고 하셨죠?"

"네, 기자님. 라몬 델린저입니다."

"난 조시예요. 사장님께선 클렘 서틀스 씨를 별로 좋아하지 않으셨나 보군요."

"오, 아뇨. 그런 게 아닙니다. 프레스턴 씨는 서틀스 씨와 아주 잘 지내셨습니다. 전 두 분을 다 비서로 보좌하거든요. 하지만 프레스턴 씨는 일과 친목을 엮지 않는 분이신 반면, 서틀스 씨는 훨씬 붙임성 있고 다가가기 쉬운 분이었죠."

"서틀스 씨는 여자를 사귈 시간은 없었다고 보면 됩니까?"

라몬 델린저는 경계하는 눈치였다.

조시는 비집고 나오는 미소를 감췄다. 그리고 의미심장하게 물었다.

"고인께는 부인이 없으시죠?"

"하지만 특별한 분은 있었습니다."

"여자요?"

"네, 물론이죠."

"알겠습니다. 분명히 해주셔서 고맙습니다."

라몬의 목소리가 확 싸늘해졌다.

"서틀스 씨에 대해 잘못된 인식을 갖진 않으셨으면 합니다."

"네, 이해합니다. 귀감이 될 만한 자세고요. 여기서부턴 알아서 나갈 수 있습니다, 고맙습니다."

서틀스의 여동생 해티 마틴은 좋은 지역에 살았다. 그녀의 집은 새로 페인트칠을 했고, 말끔한 정원은 확실히 창의성보다는 질서를 강조하고 있었다. 마틴 부인은 중년 초반 나이대로, 여느 십대 자녀를 둔 부모들처럼 걱정스럽고 지친 얼굴을 하고 있었다. 그녀는 마지못해 대화를 수락하고, 조시를 부엌에 앉히고는 커피를 준비했다.

"클렘 서틀스 씨는 어떤 분이었습니까?"

"우리 오빠고 앞으로도 그리워하겠지만, 좀 멍청이였어요. 물론 머리야 똑똑했지만, 늘 우쭐거렸죠. 자기는 다 잘하는 줄 알고, 뭐든 자기에게 오면 다 잘 풀릴 줄로 확신했죠."

해티 마틴은 커피를 내려놓고, 테이블에 마주앉았다.

"오빠는 마음먹으면 아주 사근사근했지만, 자기 뜻대로 안 되면 엄청나게 치사하게 굴었죠. 친구들도 다 똑같았어요. 자기만족과 방종으로 점철된 사람들. 열네 살쯤엔 부자가 될 거라고 떠벌리고 다녔죠. 그렇게 되어가던 중이기도 했고요. 하지만 결국에는 위험 요소가 역효과를 불러왔군요."

조시는 커피를 한 모금 마시곤 물었다.

"위험 요소요?"

"오빠는 위험을 무릅쓰기를 좋아했어요. 일할 때나 놀 때나 반성할 줄을 모르고 무모한 선택을 했죠. 특히 자기 승리가 남에게 고통스러운 패배가 되는 걸 좋아했어요. 그게 똑똑하지만 우쭐거리는, 감정에 둔감한 사람의 문제죠. 자기는 능력이 있으니 언제라도 말썽에서 벗어날 수 있다고 믿는 거. 사람을 잘 조종하는 게 사업에서는 좋을지 몰라도, 결국에는 대가를 치르게 되지 않을까 전 늘 걱정했어요."

"혹시 오빠분이 수상한 사업에 연관되었는지 아십니까?"

"분명 그랬겠죠. 늘 그랬어요, 어느 쪽으로든. 하지만 확실히 아는 건 없네요."

"동업자는 만나본 적이 있으십니까?"

"린우드 프레스턴이란 사람이요? 아뇨. 듣기로는 굉장히 냉담한 것 같던데요. 사람들과 잘 어울리지 않고요."

"알겠습니다. 오빠분이 사귀는 사람은 있었습니까?"

해티는 고개를 끄덕였다.

"캐서린이란 여자요. 몇 번 만났어요. 아주 예쁘던데요. 한 일년쯤 사귀었으니, 오빠 기준으로는 정말 진지한 사이예요."

"혹시 그 여자의 연락처는 아시나요?"

"전혀 몰라요."

"큰 도움이 되었습니다. 시간 내주셔서 고맙습니다."

조시는 답답한 마음으로 해티 마틴의 집을 나왔다. 기삿거리가 될 단서를 찾을 마지막 희망은 서틀스의 여자 친구가 될 모양이었다. 사람을 조종하는 나르시시스트의 죽음에는 전혀 감동적이랄 게 없었다.

약간 조사가 필요하긴 했지만, 결국 조시는 공원에서 멀지 않은 조용한 동네에 사는 캐서린 노우드를 찾아냈다. 그녀의 집은 수수했지만 잘 관리된 것처럼 보였다. 그가 노크하자 이십 대의 아름답지만 슬픈 얼굴을 한 여자가 문을 열어주었다.

"캐서린 노우드 씨? 〈센티널〉지 기자 조시 콜입니다."

여자의 얼굴이 경악으로 일그러졌다. 조시는 즉시 열린 문틈에 한 발을 끼워 넣었고, 문짝에 발이 부딪히자 인상을 찡그렸다.

"클렘 서틀스 씨에 대해 몇 가지만 묻고 싶습니다, 캐서린 씨."

그녀는 문을 닫으려 애쓰며 씩씩거렸다.

"저리 가요."

조시는 애써 달래는 목소리로 말했다.

"당신 입장을 이야기할 기회예요. 당신 쪽 이야기를 듣지 않고 기사를 내기 원한다면야……."

그녀는 몸에서 힘이 쭉 빠져나간 듯 나직하게 말했다.

"알겠어요."

집 안을 보니, 그녀가 두려워한 이유가 명백했다. 그녀는 노우드 양이 아니라, 노우드 부인임이 분명했다. 거실로 들어서며 그녀는 조시의 팔을 꽉 잡았다.

"제 이름은 정말로 신문에서 빼줘야 해요, 콜 씨. 남편은 전혀 몰라요. 이 일로 우리 둘의 인생이 망가질 수도 있다고요."

"혹시 더 흥미로운 기삿거리가 있다면 당연히 뺄 수도 있죠."

"아, 세상에. 그럴 만한 게 있는지 모르겠네요. 남편 윌헬름은 좋은 가장이지만 같이 있기에 짜릿하진 않아요. 클렘은 매력적이고, 부유하고, 두근거렸죠. 어쩔 수가 없었어요."

"어떻게 만나게 됐습니까?"

"회사 모임에서요. 클렘은 윌헬름이 일하는 회사를 소유하고 있어요. 거기서 클렘 눈에 띈 거죠. 그 얼마 후, 윌헬름이 승진해서 정기적으로 출장을 다니는 자리에 가게 되었어요. 클렘이 먼저 다가왔고, 저도 반겼던 것 같아요. 윌헬름은 주중 최소 며칠씩 집을 비워요. 이번 주에도 출장 중이죠. 클렘은 제가 꿈도 꿔보지 못한 곳에 데려가줬어요. 얼마 안 가 그가 저한테 질릴 거라는 건 알았지만, 사귀는 동안엔 정말 즐거웠으니까요. 이렇게 끝날 줄은 꿈에도 상상 못했어요. 제발, 제 이름은 싣지 마세요. 남편이 완전히 미칠 거예요."

"한 인간으로서의 클렘에 대해 해주실 말씀이 있습니까?"

"매력적이고, 영리하고, 약간 도박사 기질이 있고, 자기가 원하는 걸 얻기 위해선 인정사정 없죠. 큰 인물이 될 줄 알았어요. 솔직히 아주 좋은 사람이라곤 말 못하겠지만, 즐거운 한때를 보내는 것에 대해선 확실히 잘 알았죠. 저는 그와 사랑에 빠진 게 아니었고, 분명히 저 말고도 가끔은 바람을 피웠겠지만, 그래도 정말 그리울 거예요."

조시는 미간을 찌푸렸다.

"클렘의 과거에 대해서는 아는 게 있으신가요?"

"어린 시절에 대해선 별 말 없었어요. 여동생은 몇 번 만났죠. 충분히 호감 가는 사람 같았어요. 하지만 정말이지 클렘은 일에 집중하는 중독자였어요. 그에겐 일이 스스로를 발전시키는 통로였으니까요."

"클렘이 성공했을 거라고 생각하십니까?"

"아, 그럼요. 틀림없이. 능력 있고 의지가 굳었거든요. 십 년만 더 있었으면 이 시의 사업을 이끄는 리더 중의 한 명이 되었을 거예요."

"알겠습니다. 이만 가봐야겠군요. 이야기 들려주셔서 고맙습니다, 캐서린 씨."

"제 이름은 기사에서 빼주실 거죠?"

조시는 고개를 끄덕였다.

"그럼요."

'아마도'라고 그는 속으로 덧붙였다. 어차피 그녀는 '수수께끼의 미녀'로 두는 게 훨씬 흥미로울 것이다.

조시는 사무실로 돌아와 사업계의 떠오르는 별 클렘이 한창 때에 떨어지고 말았다는 기사를 억지로 쥐어짜다가 펜을 떨어뜨리고 소리 내어 욕설을 내뱉었다. 동료들이 돌아보는 가운데, 그는 수화기를 들고 경찰서의 피트에게 전화했다.

"클렘 서틀스를 누가 죽였는지 알 것 같아."

조시 콜이 의심하는 사람은 누구이며, 이유는 무엇인가?

HINT

A) 클렘 서틀스는 다른 사람들에게 감정적인 상처를 주길 즐겼다.

B) 동업자 린우드 프레스턴의 개인적 삶은 그의 직업적인 삶과 마찬가지로 엄격히 통제되었고 대체로 건조했다.

C) 비서 라몬 델린저는 상사 둘 다 그다지 좋아하진 않았다.

D) 캐서린 노우드는 클렘의 애인으로 밝혀지게 되는 상황을 진정으로 두려워하고 있다.

E) 여동생 해티 마틴은 오빠에게 복잡한 감정을 갖고 있으며, 내심 세상의 균형을 위해서는 오빠가 없는 쪽이 낫지 않을까 여기고 있었다.

F) 죽었을 때 클렘은 'M'을 쓰려던 참이었다.

G) 서튼 홀딩스는 얼마 지나지 않아 파산했다.

클렘은 'HELP'를 쓰려던 것이 아니다. 그는 'WIL HELM(윌헬름)'이라고 살인자의 이름을 쓰고 있었다. 파도가 'WIL' 글자 전체와 'H'의 일부분을 쓸어가 버렸다.

윌헬름은 아내가 불륜을 저지르고 있음을 진작부터 눈치챘다. 그는 잦은 출장을 가장하여 아내를 감시했고, 배후에 클렘이 있음을 발견하자 함정을 파기로 마음먹었다. 아내의 필적을 흉내 내어 클렘에게 해변에서 만나자는 쪽지를 보내고, 잠복하여 기다렸다. 클렘이 도착하자 윌헬름은 그에게 따졌고, 감정이 격해져 살해했다. 그리고 칼은 바다에 던졌다.

경찰은 윌헬름이 주장한 시간에 출장 가지 않았음을 확인했고, 결국 그는 자백했다. 조시가 기사를 터트리고 나자 캐서린은 모든 신문에 계속 등장했다.

원안 국제 출처나 180.

21

서명 없는 유서
The Note

서른다섯 살 클라크 페인의 사망에는 여러 가지 수수께끼가 얽혀 있었으며, 세부 사항이 밝혀져 갔지만 그다지 명확해지지는 않았다. 그의 시신은 금요일 아침에 형 에반의 집에서, 매주 두 번 오는 청소부에 의해 발견되었다.

사망한 지는 최소한 하루 이상 지났으나, 외상은 없어 보였다. 소지품 중에는 유서가 있었지만 서명이 없었고, 그의 필체 같지 않아 보였다. 시신이 발견된 소파 옆 테이블에는 수면제 한 통과 스카치위스키 한 병이 놓여 있었다.

전문가들이 시신과 현장을 조사하는 사이, 파나키 경감은 클라크의 자택을 방문하고 부인 잉가와 이야기하는 것부터 시작하기로 마음먹었다. 형의 집과 마찬가지로 클라크 페인의 집은 편안하고, 현대적인 풍요로움을 보여주었다. 약간 초라한 꾸밈새를 보아 하니 최근에 금전 상황이 약간 어려웠거나, 클라크가 상대적으로 구두쇠였을 법했다.

문가에서 경감을 맞이한 잉가 페인은 값비싼 상복 차림이었다. 그녀는 삼십 대 초반이었지만 입가의 경직된 주름 때문에 나이가 더 들어 보였다. 그녀는 못마땅한 기색을 숨기지 않고 파나키 경감을 쳐다보며 그가 입을 열기를 기다렸다.

"페인 부인? 전 파나키 경감이고, 남편분의 죽음을 조사 중입니다. 말씀을 좀 나눌 수 있을까요?"

그녀의 목소리는 약간 쉬어 있었다.

"성함은 알아요."

그는 억지로 미소를 지었다.

"신문에서 보셨겠죠."

"그럼 유명인이신가요?"

"아뇨, 그냥 경찰입니다."

잉가 페인은 몸을 돌렸다.

"들어오세요, 그러고 싶으시면."

경감은 그녀를 따라 거실로 들어가 색 바랜 소파에 앉았다.

페인 부인은 그를 향해 인상을 찌푸렸다.

"그래서 묻고 싶으신 게 뭐죠?"

"마지막으로 남편분을 본 게 언제입니까, 페인 부인?"

그녀는 어깨를 으쓱했다.

"수요일 아침이요."

그녀는 잠시 말을 멈췄다 다시 이었다.

"남편이 출장 간 줄 알았어요. 시외로 출장 갔다가 토요일 아침
에 오기로 되어 있었거든요."

"어떤 사업입니까?"

"철물 부품이요. 볼트, 못, 뭐 그런 잡다한 도구죠. 끔찍하게 지
루하죠."

"알겠습니다. 그럼 남편분이 왜 형님 댁에 계셨는지는 모르시
고요?"

"그럴 만한 정당한 이유가 짐작도 가지 않네요."

경감은 그 말에 고개를 들었다.

"그럼 정당하지 않은 이유가 있다고 의심하십니까?"

"뻔하지 않아요? 형 에반이 제 남편을 살해한 거예요, 패딩턴 파나키 경감님."

질색하고 싶은 걸 참으며 경감이 말했다.

"형이 동생을 살해할 이유가 있나요?"

"달리 뭐가 있겠어요? 돈이죠. 시어머니는 곧 세상을 떠나실 거예요. 어떻게 이제까지 버텨왔는지 도무지 모를 일이죠. 시어머니가 죽고 나면 시아버지의 유산이 드디어 풀릴 거예요. 에반은 그걸 모두 자기가 차지하고 싶어 했죠. 운영하는 고무 시트 회사가 곤경을 겪고 있거든요. 가짜 핑계를 대서 내 남편 클라크를 자기 집으로 유인한 다음 살해한 거예요."

"에반 페인은 그 시간에 시내에 없었다고 알고 있습니다만."

그녀는 비웃었다.

"굉장한 알리바이네요?"

"뭔가 증거라도 있으십니까?"

"물론 없죠. 하지만 어린애가 봐도 뻔하잖아요."

경감은 고개를 끄덕였다.

"그 방향으로도 확실히 조사하겠습니다. 달리 남편분에게 원한을 가질 만한 사람이 있을까요?"

"동업자 루이스라면 회사를 혼자 차지하고 싶어 할 만하죠. 기뻐할걸요. 아, 겉만 봐선 아주 서글서글하지만, 전 그 사람을 손톱만큼도 믿지 않아요. 눈이 심하게 가운데로 몰렸어요. 고약하고 쥐 같은 데다가 키도 작고."

경감은 페인 부인에게 감사 인사를 하고 그 집을 빠져나왔다. 에반 페인은 여전히 집에도 사무실에도 없어서, 파나키 경감은 피살자의 동업자 루이스 애스큐를 다음으로 방문했다. 사실 쥐 같은 점은 거의 없었으나, 눈 간격이 보통보다 좁은 편이라는 점에선 페인 부인의 말을 인정할 수밖에 없었다. 그는 딴 데 정신이 팔린 듯했으며, 그걸 누군가에게 이야기하고 싶어 안달했다.

"동업자 클라크의 사망 소식은 최악입니다. 좋은 친구였지요. 대학 때부터 알고 지냈어요. 전 금융에는 밝지만 사람 상대는 아니었고, 클라크는 그 반대였기 때문에 같이 사업을 하게 되었습니다."

"사업은 어땠습니까?"

"솔직히 고전하고 있습니다. 클라크의 매력과 낙관성으로 주요 고객들을 겨우 붙들어두고 있었거든요. 이제 저의 희망은 회사 가치가 완전히 떨어지기 전에 얼른 매각하는 것뿐입니다. 친구의 사망을 애도하고 싶지만, 제 생계와 대출 상환 걱정에 정신이 없습니다."

"안타까운 일이군요. 클라크와 주변 사람의 관계는 어땠습니까?"

"에반 형하고는 그렇게 가깝지 않았죠. 둘이 아주 달랐고, 그저 혈육이라 참고 견뎠어요. 싫어하고 그런 건 아니고, 단지 지친 무관심이었죠. 늘 유감스러워 보였어요. 그리고 아내 잉가가 있죠, 물론."

"네."

"아! 만나보셨군요. 가끔 좀 부담스러운 사람이죠. 젊을 때는 다정했지만, 아마 인생이 계획대로 풀리지 않았나 봅니다. 이것도 유감스러운 일이죠. 그녀는 지난 십 년 사이에 점점 더 부루퉁해져갔어요. 둘의 관계가 험악해진 지 꽤 되었죠. 그러고 보니 생각나는데…… 이건 알아두셔야 할 것 같습니다. 지난 몇 달 동안, 클라크는 엠(M)이라는 이름의 수수께끼의 젊은 아가씨와 바람을 피웠어요. 아마 엠마를 줄인 거겠죠. 저한테는 자세히 이야기를 안 합디다. 그 여자가 클라크의 인생을 상당히 밝혀주었지요. 근심의 근원이 된 측면도 있지만요."

"그래요?"

"네, 그 여자에 대해 말할 때면 클라크의 얼굴에서 빛이 났죠. 하지만 가끔은 초조해하고, 심지어 겁에 질리기도 하더군요. 이유는 모르겠습니다. 자세히는 이야기를 안 해요. 혹시 엠이란 여자가 마피아 보스 딸이나 뭐 그런 거라도 되나 싶더라고요."

"알겠습니다. 클라크 페인 씨에게 혹시 적이 있었다고 생각하십니까? 누구든 그분을 해치고 싶어 할 사람이 있을까요?"

"설마요. 클라크와 에반이 어렸을 때부터 싫어하는 유력 은행가가 있긴 합니다. 롤랜드 카메론이라고 하지요. 클라크는 롤랜드를 여러 번 애먹게 했고, 그쪽에선 우리 은행 신용도를 상당히 효과적으로 깎아내렸어요. 서로의 인생을 고달프게 했죠. 하지만 실제로 해치고, 살인까지? 그건 아닐 겁니다."

파나키 경감이 경찰서로 돌아왔을 즈음엔, 범행 현장과 시신에 대한 초기 보고서가 올라와 있었다. 밴스 워시번이 감식반 연락 담당이었고, 밝혀진 사실에 대해 논하려 파나키 경감의 사무실로 찾아왔다.

워시번 경관이 말했다.

"사인은 질식사입니다. 저항한 흔적은 전혀 없습니다. 처음에는 가스 중독사일지도 모르겠다고 생각했지만, 실제 사인은 질소 과포화로 밝혀졌습니다."

"질소? 정말?"

"구하기 어렵진 않습니다, 비용이 들 뿐이죠. 질소는 공기 중최대 구성 성분이기 때문에, 인체는 순수 질소를 위협으로 인식하지 못합니다. 보통 질식과 관련된 폐가 타는 느낌이 전혀 없지요. 빠르고 고통 없는 사망 방법입니다. 책장 뒤에 빈 산업용 질소통이 숨겨져 있었습니다. 질소통 밸브에는 제법 교묘한 타이머 장치가 달려 있었고요. 외풍막이, 못, 테이프 등 방을 밀폐 상태로 만들기 위한 장치가 준비되어 있었지만 사용된 것 같진 않습니다."

"설비 준비와 질소통은 자살 유서와는 잘 맞아떨어지지 않지."

워시번 경관은 고개를 끄덕였다.

"그렇습니다."

다음 날 아침, 마침내 형 에반 페인이 나타났다. 파나키 경감은 그를 사무실로 맞아들였다.

"와주셔서 고맙습니다, 페인 씨."

"더 일찍 오지 못해 죄송합니다. 이번 주에 어머니를 찾아뵙느라고요. 소식을 듣자마자 돌아왔습니다. 동생 클라크가 저희 집에서 발견되었다고요?"

"유감스럽게도 그렇습니다. 클라크가 거기서 뭘 하고 있었는지 짐작이 가십니까?"

에반은 멍하니 고개를 저었다.

"전혀요. 비상사태에 대비해서 서로 상대방의 집 열쇠를 보관해두고 있으니, 그걸로 들어왔겠죠. 하지만 뭘 했는지는 전혀 모르겠습니다."

"동생분과의 사이는 어땠습니까?"

"그만하면 괜찮았죠. 딱히 친밀하지는 않았지만, 가족이니까요. 분명히 동생에게 악감정은 없었습니다."

"어머님하고 같이 계셨다고요?"

"네. 요 몇 년 사이 정신이 맑지 않으시고 아주 허약해지셔요. 스티븐스 부인이라는 간호사가 전담으로 돌봐드리고 있습니다. 시간 날 때 가서 곁에 좀 있어드려야겠다고 생각했죠. 어머니가 저를 알아보시기나 했을지 모르겠지만, 최소한 같이 있었습니다. 몇 달 후면 결혼할 예정이라, 이번이 올해 마지막으로 찾아뵐 기회일지도 몰라서요. 얼마나 더 사실지 모르겠습니다."

"이런 질문 죄송합니다만, 어머님의 유언장 조항을 아십니까?"

에반은 쓰게 웃었다.

"아, 잉가와 이야기를 하셨군요. 아버지는 상당히 부유하셨고, 유산을 어머니에게 신탁재산으로 남기셨지요. 어머니가 돌아가시면 저와 클라크에게 넘어가는 조건으로요. 어머니의 치료비가 많이 들고, 저희 둘 다 어머니에게 들어가는 돈을 아까워하진 않았습니다. 돈이 약간 남아 있긴 합니다. 그걸 가지고 살인을 저지를 정도는 아니고요. 어머니는 제가 같이 있었다고 증언하실 순 없을지도 모르겠지만, 간호사 스티븐스 부인이 말해줄 겁니다."

"알겠습니다. 롤랜드 카메론에 대해 해주실 말씀이 있습니까?"

에반이 눈을 껌벅였다.

"그 썩은 롤랜드요? 은행가죠. 제가 여덟 살 그리고 롤랜드와 클라크가 여섯 살 때 실수로 그 애 팔을 부러뜨렸어요. 정말 미안했어요. 불행히도 제대로 붙질 못했고, 롤랜드는 아직도 우릴 용서하지 못하고 있습니다. 지금은 은행가가 되었고, 자기가 가진 얼마 안 되는 영향력을 이용해서 우리를 애먹이려 하는데, 솔직히 좀 처량합니다. 롤랜드는 살인자가 아니에요, 경감님. 그저 멍청이죠."

"지금은 이걸로 됐습니다. 와주셔서 고맙습니다."

에반 페인이 가고 나자, 경감은 워시번 경관의 책상으로 갔다.

"피살자의 위장이나 혈액에 약물이 발견된 게 있나?"

워시번 경관은 고개를 저었다.

"아뇨, 전혀요."

"그렇다면 누가 범인인지 알겠군."

파나키 경감이 의심하는 사람은 누구이며, 이유는 무엇인가?

HINT

A) 에반 페인은 스카치 위스키를 마시지 않는다.

B) 잉가 페인은 남편의 죽음에 딱히 힘들어하지 않았다.

C) 질소통의 타이머는 의도대로 돌아가지 않았다.

D) 간호사 스티븐스 부인은 에반이 와 있는 사이에 하루 저녁 휴가를 냈다.

E) 피살자의 동업자 루이스 애스큐는 잉가 페인에게 불륜을 제안했으나 거절당했다.

F) 에반의 어머니 루실은 아들이 와 있는 동안 그가 누구인지 알지도 못했다.

G) 에반의 약혼녀 마리앤 밀튼은 클라크의 사망 소식을 듣고 슬퍼했다.

H) 에반 집의 거실을 밀폐 상태로 만들기 위한 물품들이 준비되어 있었지만,
설치가 완료되진 않았다.

I) 에반과 클라크가 물려받을 재산은 연봉의 두세 배 정도 된다.

J) 질소통의 출처는 농업용품 제조업체였다.

K) 청소부가 왔을 즈음엔, 방 안의 질소와 산소 비율은 정상으로 돌아가 있었다.

클라크 페인의 죽음은 본인이 자초한 것이었다.

그는 형 에반이 며칠 집을 비울 것을 알고 출장을 가는 척한 다음, 갖고 있는 열쇠로 형의 집에 들어가 거실을 밀폐하고 가짜 자살 현장을 준비하려고 질소통을 가져다 놓았다. 모든 준비물을 가져다 놓고, 클라크는 에반이 귀가하기 전날 밤에 돌아와 준비를 마치고 질소통의 타이머를 다음 날로 맞추려 했다. 그는 형이 죽고 모두에게 알려지기 전에 돌아와서 현장을 그럴싸하게 꾸밀 생각이었다. 하지만 클라크에게는 불행히도 타이머가 잘못 작동했고, 그는 무슨 일이 벌어지는지 깨닫기도 전에 질소 과포화 상태가 되고 말았다.

사건의 동기는 소소한 유산과는 아무 상관이 없었다. 클라크의 혼외정사 상대인 '엠(M)'은 형의 약혼녀 마리앤 밀튼이었다. 짧은 바람으로 시작한 것이 진지한 관계가 되었고, 클라크는 사랑에 빠졌다. 마리앤에게 에반과 헤어지라고 설득하는 데 실패하자, 그는 에반이 자살한 것처럼 꾸미면 그녀가 자신에게로 올 거라 믿었다.

22

가보 반지 도난 사건
The Heirloom Ring

그랜드 호텔은 그 이름에 걸맞게끔 온갖 노력을 다했다. 카펫은 두툼하고 색이 뚜렷했으며, 설비는 크롬과 금박이 품위 있게 어우러졌다. 그리고 로비는 아무리 까다로운 손님이라도 만족할 만큼 조각상과 그림, 꽃꽂이로 아름답게 꾸며놓았다.

직원들은 이국의 산호초에 사는 물고기마냥 이리저리 잽싸게 돌아다녔고, 유니폼은 산뜻한 흰색과 하늘색의 조합이었다. 모든 점을 고려하면, 보드 게임 컨퍼런스 장소로서는 이례적으로 쾌적한 곳이었다.

메리 밀러는 뛰어나지는 않지만 나름 맛이 괜찮은 홍차를 홀짝이며 로비를 둘러보았다. 점심 시간 동안 체스 애호가들이 돌아다니긴 했지만 장소에 맞게 잘 차려입어서 호텔의 다른 손님들 사이에서 그들을 구별해 알아보기는 어려웠다. 그녀가 낯익은 발소리를 듣고 뒤돌아보니 셸튼 돌이 다가오고 있었다.

그는 슥 미소를 짓고 그녀의 맞은편에 앉았다. 그가 말했다.

"여기서 만나주셔서 고맙습니다, 메리."

"나도 좋지요. 그랜드 호텔에 올 핑계라면 언제라도 반가우니까요. 새는 없을지언정, 감상할 예쁜 깃털은 넘쳐나거든요."

셸튼 돌은 미소 지었다. 종업원이 서둘러 테이블로 다가왔고, 셸튼은 커피를 주문했다.

메리 밀러가 말했다.

"당신은 이 컨퍼런스에서는 체스를 두지 않는다고 알고 있어요."

"공식적으로는 그렇지 않습니다. 더블 루크 희생이나 롤링 폰 매스 같은 전술 요소, 1889년의 라우어-바스커 대국처럼 역사적으로 흥미로운 게임 등에 대한 논의와 토론회 등이 열리면 참석하곤 합니다. 어젯밤엔 흥미로운 게임도 많이 있었다고 알고 있습니다. 하지만 그쯤에 저는 딴 데 정신이 팔려 있었죠."

"물론이죠. 도난 사건이라고 했죠? 정확히 무슨 일이 있었던 건가요?"

"어젯밤에 골디에게 청혼하려고 했어요. 컨퍼런스를 핑계 삼아 의심받지 않고 여기서 저녁이나 같이 하자고 불렀죠. 제가 좋은 데 쓸 줄 아시고 할머니께서 근사한 다이아몬드 반지를 물려주셨거든요. 처음 할머니 손에 들어왔을 때도 값나가는 물건이었고, 시간이 지나면서 가치가 더 올라갔습니다. 반지는 제 여행 가방에 들어 있었고, 다른 사람들의 가방과 외투와 함께 행사장 뒤쪽에 놓여 있었습니다. 마지막 토론회가 다섯 시에 끝났을 때 보니 제 가방이 열려 있더군요. 그 안에 있었던 반지 케이스는 사라졌고요. 당연히 반지도요."

"그럼 누군가 그날 중에 가져갔군요?"

셸튼은 고개를 끄덕였다.

"점심 시간 이후였을 겁니다. 저는 안면 정도 있는 사람부터 친한 사람까지 네 명과 같은 테이블에 있었죠. 그전에 사람들에게 보여주려고 반지를 꺼냈어요. 바보 같은 짓이죠, 압니

다. 하지만 청혼한다는 것에 너무 들떠서 그땐 그 생각을 못했어요. 행사장에 돌아와서 도로 갖다 넣었습니다. 그러니 한 시 사십오 분에는 확실히 있었어요."

"외부인이 행사장에 들어올 수 있었나요?"

"가능하겠죠, 하지만 까다로워요. 문가에 지키고 선 사람이 주말 컨퍼런스에 등록된 사람인지 확인하고 입장시키게 되어 있거든요."

"그럼 체스 모임 사람들 중의 한 명이겠군요."

"그럴 겁니다. 하지만 오십 명이나 되고, 화장실에 간다거나 음료를 가져온다거나 기타 등등 볼일로 계속 사람들이 드나들었거든요. 누군가 가방 근처에 다가가도 이상해 보이진 않았을 겁니다. 누구라도 훔칠 수 있었겠지요."

"아마도요. 혹시 댕기물떼새가 앞에 수놓아져 있는 그 여행가방인가요?"

"네. 조류 관찰 모임에서 하도 놀림을 당해서 새 가방을 살까 가끔 생각했었죠. 하지만 댕기물떼새는 참 흥미로운 새입니다. 고상해 보이고, 멀리 날고, 적을 대할 때 두려움이 없고 악착같죠."

"전부 사실이죠. 하지만 꼭 술에 취한 것처럼 난다는 건 인정해야 해요."

셸튼은 어깨를 으쓱했다.

"모든 것을 가질 순 없죠. 게다가 체스 클럽 사람들은 가방에 수놓인 새같이 사소한 것에 절대 신경 쓰지 않을 테니까요."

"그건 그렇고 사라진 반지 말인데, 명백한 결론은 점심 일행 중의 누군가가 훔쳤을 가능성이 높다는 거네요. 달리 누가 당신이 반지를 가진 줄 알겠어요?"

그는 한숨을 쉬었다.

"그렇겠지요. 인정하고 싶진 않지만 그 논리에 반박할 수가 없어요."

"그 사람들에게 도난 사건에 대해 말했어요?"

"아직 안 했습니다. 용서해주셨으면 해요."

"셸튼, 내가 용서하고 말고 할 건 아니죠. 잘 처신한 거예요. 이유를 꾸며내서 어제 만난 점심 일행들을 한 명씩 몇 분 정도 나와 이야기를 나누게 데려올 수 있겠어요? 뭔가 적당한 방법을 궁리해볼게요."

"그거야 쉽죠. 지금 다들 같이 있진 않으니, 미묘한 문제가 있으니 도와달라고 따로따로 청하면 됩니다. 최소한 한 명은 알고 계신 사람이죠. 올리버 그리피스요."

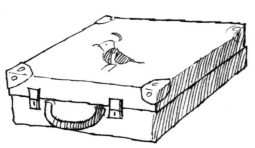

"어머, 반가워라. 자, 뭘 알아낼 수 있나 보게 용의자들을 데려와요."

몇 분 후, 셸튼은 일행과 돌아왔다. 키 작은 낯선 남자로, 짙은 콧수염을 길렀으며 오스굿 틴슬리라고 자신을 소개했다.

"만나서 반갑습니다, 틴슬리 씨."

"저도 마찬가지입니다, 메리 밀러 양. 뭘 도와드리면 될까요?"

"어, 조금 민망한 일인데요, 어제 오후에 여기 그랜드 호텔에 계셨다지요?"

"네, 그랬습니다."

"혹시 밝은 빨강색 재킷 차림의 아주 키가 큰 남자를 보셨나요? 착각할 여지는 없을 거예요. 키는 거의 180센티미터에 달걀마냥 매끈한 대머리지만, 아주 위풍당당한 휘어진 은빛 콧수염을 양쪽 귀보다 한 치는 더 뻗어나갈 만큼 길렀지요."

"흠. 네, 아주 알아보기 쉬울 것 같군요. 분명히 기억에 남을 인상입니다. 전 거의 내내 행사장에 있었어요. 한 번 볼일 보러 나오긴 했지만, 그런 사람은 확실히 못 봤습니다. 혹시 왜 그 사람을 찾는지 여쭤봐도 될까요?"

"그게 저…… 민감한 문제라서요. 정말 고맙습니다, 틴슬리 씨. 시간 빼앗아서 죄송하네요."

"아닙니다."

그는 예의 바른 미소로 어리둥절함을 감추고 대답한 다음, 셸튼에게 이끌려 사라졌다.

잠시 후, 셸튼이 돌아왔다.

"도움이 되었습니까?"

"아, 그럼요."

메리 밀러가 미소 지으며 말했다.

"이제 그의 행적은 파악했고, 그는 무슨 영문인지 몰라 궁금해하고 있네요."

"말씀하신 분은 누군가요? 상상 속의 인물?"

"저의 할아버지 첼포드 밀러요. 돌아가신 지 사십 년이니, 당신 친구 중에 누구도 어제 호텔에서 그분이 돌아다니시는 걸 봤을 리 없겠지요."

"그렇군요. 훌륭한 선택입니다."

셸튼이 다음으로 데려온 사람은 아주 낯익었다. 메리 밀러는 일어나서 그를 따뜻하게 맞이했다.

"올리버, 그동안 어떻게 지냈어요? 체스에 관심이 있는 줄은 몰랐네요."

올리버 그리피스는 키가 크고 얼굴이 길었으며, 유난스레 눈썹이 잘 움직였다. 그는 열렬한 조류 관찰자였다.

"메리, 여기서 만나다니 놀랍고 반갑군요. 체스 기사들과 같이 있는 당신을 보게 될 줄은 생각도 못했어요. 어쩌다 이런 일이!"

"아, 젊을 때 조금 해보긴 했죠. 하지만 현실을 더 좋아해서요. 체스는 예측불가하고, 움직이지도 않는 말을 빤히 쳐다보는 건 별로예요. 난 움직이는 걸 바라보는 쪽이 좋아요."

올리버는 미소 지으며 메리 밀러에게 말했다.

"말이 나왔으니 말인데, 다음 달 조류 관찰 모임 저녁 식사에는 나오십니까?"

"물론이죠. 두 사람 다 참석하실 거죠?"

셸튼이 말했다.

"저는 갈 겁니다."

올리버가 말했다.

"그럼요, 저도 갑니다. 자, 어쩐 일로 여기에 오신 겁니까?"

메리 밀러는 다시 할아버지의 외모를 묘사하고, 그의 행적을 조사 중이라는 눈치를 미묘하게 흘렸다.

"흠. 아뇨, 그런 사람은 확실히 못 봤습니다. 전 오후 내내 행사장에 있어서요. 주말 컨퍼런스 신청을 하고 제대로 집중하지 않으면 소용이 없잖습니까. 그래서 솔직히, 여기 로비에서 그 사람이 전투 준비 춤을 추고 있었다 해도 전 몰랐을 겁니다."

"고마워요. 이제 가보셔야죠, 그리고 다음 달에 만나요."

다음 차례 샌디 쿠퍼는 메리 밀러가 전혀 모르는 사람이었다. 그는 약간 여우처럼 생겼으며, 부숭부숭하고 뒤로 빗어 넘긴 머리에 칭찬할 만한 상당히 멋진 콧수염을 길렀다. 그는 메리 밀러의 설명을 듣고, 생각에 잠겨 고개를 저었다.

"저는 찾는 분은 여기 없었다고 거의 확실히 말할 수 있을 듯하군요."

"그래요?"

"어제 오후는 끔찍이도 지루해서, 대부분의 시간을 바에서 보냈습니다. 몇 번 행사장에 고개를 들이밀긴 했지만, 저한테는 안 맞더라고요. 도움이 되지 못해 진심으로 안타까운 일입니다. 포트와인 술병이나 비우고 오고가는 사람 구경하는 일 말고는 달리 할 게 없더군요. 찾는 분은 그중에 없었습니다."

"알겠어요. 자, 그럼 결론이 난 것 같군요. 큰 도움이 되었어요, 쿠퍼 씨. 고맙습니다."

"네, 언제라도 도움이 되어드리죠."

마지막으로 온 사람은 확실히 낯익었다. 메리 밀러는 다가오는 그를 지켜보다가, 셸튼이 소개하기 직전에 누군지 깨달았다. 엘우드 헴브리는 몇 년 전 잠깐 동안 조류 관찰 모임 회원이었다. 천식 때문에 그는 얼마 안 되어 탈퇴했다. 그녀는 엘우드를 예의 바르고 겸손한 사람으로 기억했다.

"네, 물론 기억하지요, 메리 밀러 양. 전 사람의 얼굴을 안 잊어버리거든요. 다시 뵙게 되어 반갑습니다. 아직도 아침 일찍 새들을 잘 관찰하고 계시겠죠?"

"고마워요, 그렇답니다. 저, 식사 중에 방해해서 미안해요. 혹시 날 좀 도와줄 수 있을까 하고요."

메리 밀러는 아까의 외모 설명을 되풀이했다. 이야기를 다 듣고는 엘우드 헴브리가 말했다.

"어제 오후 행사장 밖에 오랫동안 나가 있진 않았습니다. 한 번 나갔죠. 제가 친구에게 전해주기로 약속해놓고 집에 두고 온 서류를 아내가 가져다주었거든요. 행사장 밖에 있는 동안 그런 사람을 보지 못한 건 확실합니다. 마지막으로 그 비슷하게라도 생긴 사람을 본 것은 지난 삼 월 공원에서였죠."

"알겠어요. 시간 내줘서 정말 고마워요. 다른 곳에서 찾아봐야 할 모양이네요."

몇 분 후, 셸튼이 혼자 돌아왔다.

"이런 말씀 죄송하지만, 이야기를 해봐도 전혀 도움이 되지 않은 것 같네요."

"아니요. 오히려 그 반대예요. 누가 반지를 훔쳤는지 거의 확신이 가네요."

메리 밀러가 의심하는 사람은 누구이며, 이유는 무엇인가?

HINT

A) 셸튼 돌은 도둑맞은 반지의 가격보다 감상적인 가치 때문에 훨씬 염려하고 있다.

B) 오스굿 틴슬리는 뛰어난 전략가이며, 주말 컨퍼런스에 모인 체스 기사들 중 아마 가장 뛰어난 실력의 소유자일 것이다.

C) 올리버 그리피스는 부자가 아니다.

D) 샌디 쿠퍼는 셸튼 돌을 친구라고는 하지 않을 것이다.

E) 엘우드 헴브리는 얼굴을 기억하는 능력에 대해 과장한 것이 아니다.

F) 그랜드 호텔 보안은 놀랄 만큼 비효율적이며, 체스 컨퍼런스가 있었던 주말에 호텔에선 도난 사건이 네 건이나 벌어졌다.

G) 몇몇 멤버가 했던 체스 게임에는 큰돈이 걸려 있었다.

H) 메리 밀러가 체스를 그만둔 이유는 지인들 중에 아무도 그녀를 이기지 못해 지루해서였다.

반지 도둑의 유력한 용의자가 되려면 세 가지 요소를 갖추어야 한다. 반지의 존재를 알 것, 훔쳐낼 기회, 셸튼 돌의 가방이 어느 것인가 하는 지식.

조류 관찰 모임의 회원인 올리버 그리피스와 엘우드 헴브리는 둘 다 셸튼의 댕기물떼새 장식 가방을 알 법하다. 비록 헴브리는 조류 관찰 모임에 오래 있지 않았지만, 뛰어난 기억력으로 셸튼의 가방을 알 수 있을 것이다. 둘 중에서는 헴브리만 행사장을 나갔다. 그러므로 그가 유력한 용의자다.

메리 밀러는 셸튼을 도와 경찰에게 헴브리를 조사하라고 설득했고, 신문이 시작되고 얼마 안 되어 그는 반지를 훔쳐 오후에 아내를 만났을 때 넘겼다고 자백했다. 반지는 그의 집에서 발견되었고 셸튼에게 반환되었다.

헴브리는 어리석게도 실력 있는 도박사와의 체스 게임에 돈을 거는 바람에 심각한 금전적 곤란에 처해 있었으며, 반지가 완벽한 해결책처럼 보였던 것이다.

원안 규칙 찾다

23

아나스타샤 살인사건
Anastasia

스물세 살의 피살자 아나스타샤 엘드리지는 욕실에서 발견되었다.

파나키 경감이 받은 메모에 따르면, 그녀는 습격당했을 때 머리를 염색하는 중이었다. 현장 상태로 미루어보면 잠깐 몸싸움이 있었던 것으로 보였다. 그녀의 긴 머리채가 휘둘리며 튄 염색약이 벽과 바닥에 흩뿌려져 있었다. 사인은 가는 끈으로 인한 교살이며, 현장에서는 범행 무기가 발견되지 않았다.

피살자는 목욕 가운을 온전히 차려입은 상태였으며 성폭행이나 고통을 주려는 목적의 시도가 있었던 증거는 없었다. 아파트 현관문은 지렛대나 그 비슷한 도구로 따서 연 듯했다. 피살자가 발견된 장소를 고려하면, 범인이 침입하는 소리를 그녀는 전혀 들지 못한 것으로 여겨졌다.

이웃들은 아무런 소란도 듣지 못했다고 증언했다. 복도 맞은편 아파트에 사는 워렌 호너가 이상함을 알아챈 것은 망가진 문을 보고서였다. 그는 저녁 일곱 시 삼십 분에 경찰에 신고했고, 시체 가 발견되었을 때 함께 있었다.

현장에서 수집된 범죄와 연관된 증거는 거의 없었다. 현재까 지 가장 유용한 정보 출처는 피살자의 아주 상세하고 방대한 약 속 기록 수첩으로, 거기서 수사관들은 긴 용의자 목록을 추려냈 다. 아나스타샤 엘드리지 양은 최근 살롱의 여종업원으로 있다가

그만두었고, 그전에는 코러스 걸로 활동했지만 딱히 성공을 거두지 못해서 전직한 거였다. 기록 수첩의 메모에 따르면, 그녀는 다른 일자리를 구하는 동안 저축과 선물로 생활하고 있었다.

오전 내내 다양한 용의자들과 주목 대상 인물들의 조사 일정이 잡혀 있었다. 파나키 경감은 파이프와 담배 주머니, 그리고 커피라고 하기도 망신스러운 쓰디쓴 경찰서 커피를 큰 머그잔으로 갖다 놓고 조사실에 앉았다.

첫 조사 상대는 사건을 신고한 이웃집 남자 워렌 호너였다. 그는 사십 대 후반의 땅딸막한 인상의 공장 직원으로, 희끗한 머리는 점점 이마선이 후퇴하고 있었으며 얼굴선은 축 늘어졌다. 싸구려 정장 차림의 그는 손을 초조한 듯 쥐어짜고 있었다.

경감은 그를 반겨 맞고 자기소개를 했다.

"엘드리지 양과의 관계는 어떤 편이었습니까, 호너 씨?"

"옆집에 살았죠. 우린 친했어요. 아나스타샤는 정말로 사랑스러운 아가씨였고 누구한테나 환한 미소를 지어주었죠. 아파트를 밝혀줬어요. 하지만 걱정이 되더라고요."

"어째서요?"

"미소 짓지만 늘 조금 슬퍼 보였거든요, 아시죠? 뭔가 고민거리가 있는데, 그걸 내색하지 않으려는 것처럼. 가끔 저녁에 한껏 치장하고 외출하더군요. 나가는 걸 봤어요. 아나스타샤에게는 애인이라고는 못하겠고, 남자친구 후보라고 할까요? 그런 사람들이 많았어요. 전 정말로 그녀를 돌봐주려고 했어요. 늘 무슨 일이 생

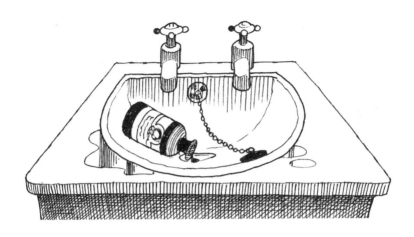

기지 않을까 걱정되었거든요. 그리고 결국엔 그렇게 되었죠. 그런 일을 당할 만한 사람이 아닌데."

"그 시간에 집에 계셨습니까?"

"네, 프랑스 혁명에 관한 책을 읽고 있었습니다. 아내 에스텔은 이십 년 전에 죽어서, 전 독서를 많이 하거든요. 한 챕터 끝에 다다라서, 아무 일 없는지 문밖을 내다봤더니 이상하더군요. 아나스타샤를 불러도 답이 없기에, 최대한 빨리 신고를 했습니다만 그걸로는 소용없었죠. 책을 읽지 않고 있었다면 침입하는 소리를 들었을지도 모르는데. 아나스타샤를 도울 수 있었을지도 몰라요."

크레이그 클라보는 삼십 대 중반의 잘생긴 우유배달원이었다. 그는 세련된 캐주얼 차림이었고, 들어오면서 경감에게 짓궂게 씩 웃어 보였다.

"네, 아나스타샤 기억하죠. 일곱 달 전쯤에 가볍게 만났어요. 뭐, 정확히 가볍다고는 할 수 없고요. 무슨 말인지 아시겠지만, 짧았어요. 정말 사랑스러운 아가씨였죠. 그 후로는 못 봤어요."

"어디서 처음 만났습니까?"

"댄스 클럽에서 만났고, 곧장 불이 붙었죠. 아나스타샤 같은 여자들은 그 눈부심 아래에 여린 면이 있어요. 그냥 이야기를 들어주고, 너는 대단하고 멋지다고 안심시켜주기만 하면 되죠. 그게 정말 걔들이 원하는 겁니다. 수고치고는 정말 작고, 돌아오는 대가는 충분히 그럴 가치가 있지요."

"그리고 문제의 저녁엔 어디에 계셨습니까?"

"개를 산책시키는 중이었죠. 저녁에는 거의 그래요. 아침에 일찍 일어나기 때문에, 밤에는 대부분 일찍 잡니다."

"춤추러 나갈 때를 제외하면 그렇겠죠."

"네, 물론 그때는 아니었고요."

"개를 산책시키는 동안 아는 사람을 봤습니까?"

크레이그 클라보는 잠시 생각했다.

"아뇨."

"그럼 엘드리지 양이 살해당하던 시간에 실제 알리바이는 없다는 거군요."

"젠장! 이보세요, 전 다른 사람하고 있었습니다. 그런데 이 말이 밖으로 나가면 절대 안 돼요. 전 아내가 있고, 그 여자도 남편이…… 욜란다 루트렐이라는 여자예요. 저희 집에서 골목 꺾어지면 나오는 집에 살죠. 그 집 남편이 술 마시러 나가길 좋아해서, 저는 가끔 개 산책시키러 나갔다가 들르곤 합니다. 그 여자가 증언해줄 거예요."

경감은 욜란다 루트렐 부인의 신상을 받아적고, 크레이그 클라보에게 다시 연락하겠다고 했다.

다음으로 조사실에 들어선 사람은 아나스타샤의 남자친구 올든 한스였다. 그는 이십 대 중반으로 슬퍼하는 기색이 역력함에도 불구하고 책벌레 분위기가 두드러졌다. 깔끔한 정장 차림에 차분한 색상의 넥타이를 했다. 경감이 받은 기록에 따르면, 올든 한스는 보험사에서 회계사로 일했다.

"진짜라니 믿어지지가 않아요. 아나스타샤와 저는 함께 자랐습니다. 늘 밝고 눈부신 존재였죠. 그애한테도 고민거리는 있었지만, 그걸 극복하려고 정말 열심히 애썼어요. 어릴 때 우리 집에선 늘 아나스타샤를 환영했죠. 제 여동생은 아나스타샤를 엄청 따랐어요. 아나스타샤가 집에서 급히 나와야 할 때면 여동생과 둘이 같이 자곤 했죠. 아나스타샤가 연예계에 들어섰을 땐 정말 자랑스러웠어요. 우리가 사귄 지는 한 이 년쯤 되었죠. 저에게 이런 행운이 찾아오다니 믿을 수가 없었어요. 작년에 청혼했지만, 아나스타샤는 누군가와 결혼하기 전에 삼 년은 사귀어보겠다고 마음먹었다고 하더라고요. 삼주년이 되면 근사하게 다시 청혼하려고 했죠. 우리 아이들에게 나중에 들려줄 좋은 추억이 되겠다 싶어서요."

"자주 만났습니까?"

"일주일에 두세 번 정도요. 아나스타샤는 아주 열심히 일했어요. 정말 연예계에서 성공하고 싶어 했죠. 전 괜찮았어요. 일하는 시간이 빡빡하다는 걸 알았고, 상관없었으니까요. 저도 어차피 늦게까지 일하고요."

경감은 고개를 끄덕였다.

"그리고 문제의 저녁엔 어디에 있었습니까?"

한스는 한숨을 쉬었다.

"일하고 있었죠, 물론. 지난 열흘간 매일 여덟 시 넘게까지 일했어요."

"혹시 엘드리지 양에게 각별한 남자가 있는지 아십니까?"

"아나스타샤가요? 아뇨, 딱히요. 늘 인기 있었고 연예계가 원래 다양한 사람들과 많이 어울리는 곳이긴 하지만, 가까운 친구는 다 여자예요. 왜요? 직장에서 아나스타샤를 괴롭히는 남자가 있었습니까?"

"그냥 일상적인 질문입니다. 시간 내주셔서 고맙습니다."

구스타보 슐츠는 아나스타샤의 반쯤 비밀의 연인이었다. 시내 일류 법률사무소의 상법 변호사로, 그는 값비싼 정장과 흰 셔츠, 밝은 색의 실크 넥타이, 하얀 광택 가죽 장갑, 그리고 반짝반짝 광을 낸 이탈리아제 가죽 구두 차림이었다. 그에게는 확실히 육식동물 같은 분위기가 있었다.

"네, 불쌍한 아나스타샤. 잘 알지요. 그녀는 두어 달 전에 일을 그만둔 후 경제적으로 좀 위태로운 상황이었습니다. 보살핌을 받을 만한 사람을 도울 수 있다는 건 큰 기쁨이었습니다. 그녀는 지원에 아주 고마워했죠."

"그럼 그녀가 덜…… 고마워했다 해도 기꺼이 도우셨을까요?"

구스타보 슐츠는 미소 지었다.

"글쎄요, 그건 의심스럽군요. 전 배은망덕한 사람들을 질색해서 말이죠."

"결혼하셨습니까, 슐츠 씨?"

"아뇨, 약혼했죠. 약혼녀 이름은 조라 라루입니다. 메이크업 아티스트지요."

"혹시 약혼녀 분은 엘드리지 양이 당신의 연인이란 걸 알고 있습니까?"

"압니다."

"그렇군요. 그럼 약혼녀가 그 상황을 인지한 지는 얼마나 되었습니까?"

"관계가 시작된 때부터요. 물론 그녀가 그걸 달가워하지는 않지만, 결혼하기로 수락했을 때 내가 어떤 남자인지 이미 알았으니까요."

경감은 고개를 끄덕였다. '돈을 보고 결혼하면 마음은 포기해야 하고, 돈만 얻을 것이다'라는 옛말이 생각났다.

"살인이 벌어진 밤에 어디에 계셨습니까, 슐츠 씨?"

"시내에 있는 바에서 의뢰인과 한잔하고 있었습니다. 이름은 당장 기억나지 않지만, 확인하고 알려드리죠. 궁금해하실까 봐 미리 말씀드리자면, 조라는 일하고 있었습니다. 약혼녀 조라는 어느 특정한 고객 전담은 아니지만 인기가 많아서 오후와 초저녁엔 거의 늘 바쁘거든요. 그녀가 정확히 어디서 일하고 있었는지는 모르지만, 궁금해하시면 알아볼 수는 있습니다."

마지막 조사 상대는 시릴 틸슨으로, 아나스타샤가 최근까지 일한 살롱의 매니저였다. 그는 오십 대 중반의 살집 있는 남자로, 머리숱이 적고 초조한 표정을 하고 있었다. 비교적 비싼 정장과 셔츠 차림이었으나, 전체적인 인상 개선에는 별 도움이 되지 않았다. 악수하는 그의 손은 좀 축축했다.

"아나스타샤 소식을 듣고 무척 슬펐습니다. 살롱에서 인기가 있었어요. 늘 상냥하게 미소 지었고. 그만두기로 해서 유감이었지만, 종업원 일은 아무나 하는 게 아니거든요. 인내심 있고 서글서글하고, 사람들의 이야기를 많이 들어줘야 합니다."

그는 잠시 입을 다물었다가 말을 이었다.

"저기, 괜한 오해는 하지 않으셨으면 좋겠습니다. 경감님. 수상한 곳이 아니거든요. 불법적이거나 부도덕한 일은 전혀 안 합니다. 예쁜 아가씨들이 술을 나르고 옆에서 이야기나 들어주는, 그런 곳입니다. 이해하시죠?"

"운영하시는 사업장이 전적으로 올바른 곳이리라 믿습니다, 틸슨 씨."

"네, 올바른 곳. 그겁니다. 그래서 아나스타샤가 떠난 건 유감이었죠. 왜 그만두는지는 말 안 했지만, 더 나은 직장을 찾은 모양이라는 감이 들더군요. 더 많이 벌고, 덜 일하고. 캐묻지는 않았습니다. 이 일에서 제일 먼저 배우는 건 캐묻지 않는 거거든요. 말했다시피, 종업원이 아무나 하는 건 아니랍니다."

"살인이 벌어진 날 저녁엔 어디에 계셨습니까?"

"저기, 물어보셔야 하는 입장인 건 압니다만, 전 아닙니다. 아시겠죠? 전 뚱뚱한 늙은이고, 제 인생에는 문젯거리를 떠안은 예쁜 여자들이 잔뜩입니다. 전 그런 문제가 되지 않으려고 노력하죠. 뭐하러 그 애들에게 상처를 줍니까? 아무튼, 전 스카우트하러 나갔습니다. 저희 아가씨들 대부분은 부당한 대우와 푼돈벌이에 지친 코러스 걸 출신이거든요. 로열 극장에 있었습니다. 거기 바에서 저를 본 사람들이 많을걸요."

시릴 틸슨이 나가고 나자, 파나키 경감은 파이프에 불을 붙이고 메모를 내려다보다가, 이름 하나에 동그라미를 치며 말했다.

"어디, 벗어날 수 있을지 보자고."

파나키 경감이 의심하는 사람은 누구이며, 이유는 무엇인가?

HINT

A) 아주 힘든 어린 시절을 보낸 아나스타샤 엘드리지는 자라서

심리적으로 안정된 여성이 되지 못했다.

B) 아나스타샤의 이웃 워렌 호너는 거리를 향한 창문과

문에 난 감시 구멍을 통해 그녀를 지켜보곤 했다.

C) 사실 옛 애인 크레이그 클라보는 개한테 제대로 운동을 시키는 일이 아주 드물다.

D) 아나스타샤가 남자친구 올든 한스에게 감독이 싫어할지 모르니

공연을 보러 오지 말라고 부탁했을 때, 그는 기꺼이 수긍했다.

그는 공연 감상에 취미가 없었다.

E) 변호사 구스타보 슐츠는 아나스타샤에게

자기 사무실의 하급 사무직원이 받는 것과 같은 액수의 주급을 주었다.

F) 조라 라루는 약혼자의 불륜을 익히 알고 있었으며,

바람피우는 것을 굳이 자신에게 알리는 그의 성격을 몹시도 싫어했다.

G) 살롱 매니저 시릴 틸슨은 일하기에 편한 상사였으며,

대부분의 종업원들과 마찬가지로 아나스타샤는 순수하게 그를 좋아했다.

H) 아나스타샤 집의 현관문을 따는 데 사용한 지렛대는 발견되지 않았다.

그녀의 목을 조른 줄도 마찬가지였다.

목을 졸렸을 때 아나스타샤는 머리를 염색 중이었다. 염색약이 벽에 온통 튈 만큼 몸싸움이 있었다. 그러므로 살인자의 손에도 염색약 자국이 있을 것은 거의 확실한 일이며, 지우려 애쓰면 흐려지긴 하겠지만 완전히 지우기는 아주 어렵다.

용의자들 중에선 구스타보 슐츠만 장갑을 끼고 있었다. 파나키 경감이 슐츠를 다시 불러들여 장갑을 벗고 형광등 아래에서 손을 비춰봐달라고 하자, 슐츠는 당장에 변호사를 부르겠다고 주장했다. 하지만 결국에 그는 손을 검사받았고, 아나스타샤의 염색약 흔적이 발견되었다. 이것만으로도 살인 유죄를 받아내기에 충분했다.

슐츠는 아나스타샤에게 들어가는 돈이 아까워졌고, 그녀가 폭로해서 그의 경력을 망치겠다는 위협을 실천에 옮길까 봐 죽이기로 마음먹었다.

소설 속 명탐정의 기본 자질

미국이나 영국, 일본의 소설을 보면 '탐정'이 많이 등장한다. 탐정은 날카로운 관찰력과 예리한 판단력뿐 아니라 놀라운 현장 조사력과 정보력으로 때로는 경찰도 파악하지 못한 사건의 진상을 꿰뚫어보는 멋진 모습을 보인다. 영국의 셜록 홈스, 에르큘 포와로뿐 아니라 일본의 긴다이치 코스케(소년 탐정 김전일의 할아버지다), 아케치 고고로, 미국의 엘러리 퀸 등이 수사하는 모습을 보면 '나도 탐정이 되어볼까' 하는 생각이 저절로 든다(요즘 인기 많은 젊은 탐정들은 뺐다).

하지만 탐정 일은 생각만큼 낭만적이지 않다. 때로는 더러운 쓰레기통도 뒤져야 하고 밤새 잠도 못 자고 용의자를 따라다니거나 감시해야 한다. 거기다 추리 한 번 잘못하면 여러 사람이 골치 아프게 된다. 그래도 사건의 진상을 파헤치고 정의를 실현하는 탐정 일은 여전히 매력적이다. 소설 속 명탐정에게 공통적으로 나타나는 세 가지 기본 자질을 살펴보고 우리도 미리미리 준비해보자.

01 박학다식

폭넓은 지식이 필요하다. 셜록 홈스는 런던의 지역별 흙 상태까지 알아서 구두에 묻은 흙으로 여러 가지를 추리했다. 한마디로 다방면으로 공부를 열심히 해야 한다.

02 튼튼한 체력

며칠씩 집중해서 일해야 하는 경우가 많기에 중간에 나가떨어지지 않을 체력이 필요하다. 철인이 되어야 할 필요는 없지만 남 못지않은 체력은 길러놓자. 운동을 생활화하자.

03 예리한 관찰력

사소한 것에서 중요한 단서를 찾는 경우가 있다. 현장의 물건 배치나 관련자의 특징을 예사로 지나치지 말고 한 번씩 확인하며 머리에 담아두는 훈련을 하자.

탐정이 되는 데 한 가지 방법만 있는 것은 아니고 능력이 한두 가지 없어도 소설 속에서 명탐정이 된 사람도 물론 존재한다. 에르큘 포와로는 땀 흘리며 조사하는 것을 혐오하며 적극적으로 움직이지 않았다. 그렇지만 예리한 관찰력은 모든 탐정의 기본이다. 우리나라도 탐정이 직업으로 인정받는 날이 조만간 올 것이다. 소설 속 명탐정의 자질이지만 현실 세계의 탐정에게도 중요한 능력이니 탐정을 꿈꾸는 사람이라면 적극적으로 키워보자.

초판 1쇄 인쇄 2018년 6월 25일
초판 1쇄 발행 2018년 7월 5일

지은이 팀 데도풀로스
옮긴이 박미영
펴낸이 이범상
펴낸곳 (주)비전비엔피 · 비전코리아

기획 편집 이경원 심은정 유지현 김승희 조은아 김다혜 배윤주
디자인 김은주 조은아 임지선
마케팅 한상철
전자책 김성화 김희정 김재희
관리 이성호 이다정

주소 우)04034 서울시 마포구 잔다리로7길 12 (서교동)
전화 02)338-2411 | **팩스** 02)338-2413
홈페이지 www.visionbp.co.kr
인스타그램 www.instagram.com/visioncorea
포스트 post.naver.com/visioncorea
이메일 visioncorea@naver.com
원고투고 editor@visionbp.co.kr

등록번호 제 313-2005-224호

ISBN 978-89-6322-132-8 04320
      978-89-6322-130-4 (SET)

이 도서의 국립중앙도서관 출판예정도서목록(CIP)은 서지정보유통지원시스템 홈페이지(http://seoji.nl.go.kr)와 국가자료공동목록시스템(http://www.nl.go.kr/kolisnet)에서 이용하실 수 있습니다.(CIP제어번호: CIP2018018071)